以义取利的生意经

儒家文化大众读本

儒商文化

梁国典 主编 戚斗勇 著

山东教育出版社

总序

　　改革开放以来，孔子、儒学、传统文化的研究经历了一个从拨乱反正到恢复正常再到日渐升温直至热潮的过程，中国孔子基金会应运而生，起到了组织、引导和推动的作用。最近几年，似乎出现了一热一冷的局面：关于孔子、儒学、传统文化的学术研究日趋繁荣，硕果累累，而大众化的普及工作却没有跟上，不少人对孔子、儒学有隔膜，对儒家文化说不出个子丑寅卯来。有鉴于此，中国孔子基金会在坚持继续推动学术研究的同时，下决心抓一抓普及工作，除了借助电视、动漫、网络、讲座、《论语》普及工程、经典诵读工程等多种形式宣传孔子、普及儒学以外，还专门组织编写了这套"儒家文化大众读本"丛书，目的在于向国内外读者介绍儒家文化的基本知识，加深读者对儒家文化的理解，弘扬儒家文化的优秀传统，建设当代中国人的精神家园。

　　儒家文化是以儒学为基础发展起来的文化，是中国传统社会的主流文化。儒学与儒家文化既有联系，又有区别。儒学主要是指儒家的思想、理论、学说，儒家文化则是儒学走向社会、化成天下、移风易俗而形成的包括制度、礼俗、观念等在内的社会文化。儒学是儒家文化的源头活水，儒家文化是儒学的浩瀚长流。儒学通常为知识分子所掌握，儒家文化则为全体社会成员所接受。儒家文化比儒学拥有更丰富的内涵、更广阔的覆盖面和更广大的人群。儒家文化在汉代逐步形成，两千多年来，一方面，儒家文化昂扬直上，远播海外，形成了包括中国、朝鲜半岛、日本列岛和中南半岛在内的巨大的儒家文化圈；另一方面，儒家文化又以其居于轴心的地位，宽容、平和、理性地对待其他形态的文化和外来文化，博采众长，融会创新，不但引领着中国文化的发展方向，而且造就了中国文化的博大气象，塑造了中国人民勤劳勇敢、崇教重文、守礼义、知廉耻的国民性格，培育了自强不息、厚德载物的民族精神。不了解儒家文化及其价值，就谈不上了解中国本土文化及其价值。因不了解而不珍惜，"抛却自家无尽藏，沿门托钵效贫儿"，是近百年来一再发生的文化虚无主义偏向。今天，我们要做的，是尽力摸清我们的文化"家底"，认识"自家无尽藏"的价值，充分利用本土文化资源，广泛吸收人类文化的优秀成果，综合创新，建设社会主义先进文化。

编撰"儒家文化大众读本"丛书，主要目的是向读者传播有关儒家文化的知识，让读者对儒家文化有一个基本的认知，了解儒家文化的优点和特点以及儒家文化在当代社会的价值。为此，我们着眼于儒家文化 9 个大的方面拟出选题。"儒家文化大众读本"丛书是关于儒家文化的普及性系列作品，要求作者是专家、大家：专家搞普及，大家写小书。我们通过向社会招标、专家推荐等形式在全国选出了 13 位作者，完成了 9 个选题：儒家文化与中国古代教育（郭齐家著）、儒家法文化（俞荣根著）、儒家生态文化（乔清举著）、儒家伦理文化（唐凯麟、陈仁仁著）、儒家孝悌文化（舒大刚著）、儒家政治文化（林存光、侯长安著）、儒家礼乐文化（丁鼎、郭善兵、薛立芳著)、儒商文化(戚斗勇著)、儒家文化与世界(施忠连著)。这些著作都凝聚着作者在探索普及儒家文化方面花费的心思和工夫。

编委会明确要求,"儒家文化大众读本"丛书是在学术研究基础上的通俗性、普及性的介绍之作,富有经典性、文学性、教育性。首先,作者对儒家文化有精深的研究,能够深入浅出地予以表达,对某一专业做全面系统、客观忠实的说明和介绍,重点写那些仍有现代价值的、有助于人们认识儒家文化的内容。其次,在素材选择、主题提炼、行文风格上,都要融入现代意识,力求与时代精神相契合。再次,要充分吸收已有的研究成果,化用自己的文字予以表述,使用大众语言,舍去一些艰深聱牙的言辞,不使用学术语言,多使用叙述性、描述性的语言,要通俗易懂、活泼流畅、图文并茂、雅俗共赏。

其实,要写好一本大众普及读物是很不容易的。因为普及读物不仅要求文字浅显、可读性强,而且要求有学术含量,要体现学科前沿的研究成果,同时也彰显了作者的一种责任感和使命感。当年朱光潜先生以"给青年的第十三封信"为副标题,出版了美学佳作《谈美》。朱先生用通俗易懂的方式和明白晓畅的语言,顺着美从哪里来、美是什么及美的特点这一脉络层层展开,以一种对老朋友的语气娓娓道来,平易亲切,引人入胜,从而净化了读者的心灵,"引读者由艺术走入人生,又将人生纳入艺术之中"(朱自清语)。该书先后重印三十多次,成为具有科学性、普及性的经典之作。大家学者的风范告诉我们,一方面,大众读本不能写成艰深的学术著作,因为曲高和寡自然应者寥寥，普及变成空谈；另一方面，大众读本又不能没有学术含量，因为没有学术含量就失去了普及的意义。我们希望，这套丛书不仅能为国内外热爱孔子、儒学和中国传统文化的读者提供一种对儒家文化的生动的、通俗的介绍，而且能为国内外读者提供一种对儒家文化的有深度的认识，使读者在获得儒家文化的具体知识的同时，可以感受到儒家文化的内在精神，感受到中华民族的伟大生命力、创造力和凝聚力。

在"儒家文化大众读本"丛书中，儒家的教育文化、法文化、生态文化、伦理文化、孝悌文化、政治文化、礼乐文化、商文化，都在作者的如椽大笔下娓娓道来。我们力求把对孔子及儒家的研究转向当下日常生活，从生活中体认儒家之道，使孔子思想飞入寻常百姓家；把儒家文化中有价值的东西发掘出来，提炼出来，把它讲清楚，注意发掘中国文化中具有价值的理念，将它变成每个中国人的自觉，还要把它变成世界性的东西。一本好的文化普及读物，应该在完成这个使命中发挥自己的作用。

《儒家文化大众读本》编委会

以义取利的生意经 儒家文化大众读本

儒家文化大众读本

以义取利的生意经

以义取利的生意经

儒家文化大众读本

导言

中国孔子基金会组织编写了一套"儒家文化大众读本"丛书,这是弘扬中华文化,普及、传播儒学思想精华的重大举措。儒家文化指的是以儒学化成天下、移风易俗而形成的文化,它涉及人与社会的方方面面,其中,儒家的经济文化是不可或缺的重要方面。而儒商文化是人们应用儒学于经商实践所形成的经济文化现象,是人们关于儒商的知识、信仰、规范和与之相适应的生活方式、社会评价的总和,是儒家经济伦理模式的体现,也是儒家管理理念、方法的结晶和具有中国特色的企业文化。儒商文化不仅是儒家经济文化的主要载体,而且是其最有历史价值和现实意义的内容。因此,《以义取利的生意经——儒商文化》被列为该套书中的一本,面向大众传播和普及儒商文化,是很有必要的。

组织编写和出版"儒家文化大众读本"丛书的直接意义就是儒家文化的普及。儒家文化本来作为中国传统文化的主流或代表,早已渗透于从中华民族精神到中华民族风俗民情之中,既是精英文化,又是最为普及的大众文化。历尽百余年的磨砺,改革开放以后,包括儒家文化在内的中华民族传统文化越来越受到重视。但是,由于儒家文化已经在大众文化中出现了断层,而专家学者们研习的学术性的儒学又难以被普通群众接受,因此,用大众通俗易懂的方式进行儒家文化的普及,其中包括编写和出版儒家文化的通俗读物，实属必要。儒学要影响社会，不仅需要专家学者的努力，更为重要的是儒学应当走出专家学者的圈子，面向大众，成为老百姓喜闻乐见的文化。在许多人的心目中，"在商言商""无商不奸"，逐利的商人与儒家道德根本不能相提并论，所谓"儒商文化"似乎属于天方夜谭。这就需要将儒商文化纳入到普及儒家文化的任务之中，让千千万万个经商、办企业和从事经济工作的人，都能了解儒商文化；让尽可能多的商人、企业家接受儒商文化。由于经济领域是社会发展的"主战场"，从事经济相关工作的人占"群众"的相当部分，向大众普及儒商文化乃是普及儒家文化的题中应有之义。本着这一写作宗旨，《以义取利的生意经——儒商文化》一书全面介绍了儒商及其文化的内涵、外延、历史和地位，并通过大量的极富趣味性、启迪性的儒商人物和事例，演绎了儒商的道德意识、社会责任、经营谋略、管理智慧和生活情趣。阅读这本书，对普及和传播儒商文化，唤醒商人企业家的儒商意识，弘扬现代儒商精神，是颇有裨益的。

普及和应用儒家文化的重要原则是必须满足时代的要求，而最佳途径是在实践中应用。马克思指出："理论在一个国家实现的程度，决定于理论满足这个国家的需要程度。"改革开放后，商品经济发展进而实行市场经济，经济领域的乱象丛生使得经济与道德的矛盾尖锐化。市场经济的实践亟须中国传统儒商的道德和智慧的指导，也正是在这一时代的要求下，"儒商"和"儒商文化"的概念应运而生。由于人们对承载着中国商业优良传统的儒商存有好感和信任，许多商人、企业家也越来越认识到做一个现代儒商的重要性，儒商文化随之蔚然成风。人们呼唤着诚信为本、乐善好施的传统儒商的回归，寄希望于儒商之风能够"清扫"市场经济的乱象，期盼着现代儒商在中华民族实现伟大复兴的历史大潮中，勇当排头兵，成为21世纪的时代骄子。可见，儒商文化实际上是顺应中华民族复兴的时代需求，在市场经济的实践中应用着的中国当代文化现象之一，它不仅应当和能够成为普及儒家文化的重要内容，而且必将成为中国当代文化中的显学。然而，任何社会潮流在其兴起之时难免良莠混杂、泥沙俱下，作为一种经济文化思潮，儒商文化概莫能外。最为突出的是许多人将儒商作为一顶"桂冠"争相顶戴，实际上却是叶公好龙，甚至是打着儒商的旗号达到个人不可告人的目的。究其原因，理论的偏误难辞其咎。一方面，儒商文化虽然是从古至今都存在的中国经济文化传统，但儒商的概念则是后起的，儒商文化的一系列理论并未形成公认的认知体系，因而很不成熟。另一方面，儒商文化的价值基础是儒学，而儒学则是包含了精华和糟粕于一体的传统文化，这就使得儒商文化处于先天不足和后天亏欠的境地。因此，与儒家文化的普及一样，儒商文化在普及的同时，还肩负着批判和创新的任务。本书以阐释和介绍儒商文化的精华为基本内容，并尽可能地以简明扼要、通俗易懂的方式，构筑一个较为完整的儒商文化体系，提出传统儒商应当实现向现代新型儒商的转型。历久弥新的儒商文化也只有靠历史和实践来检验其正误，创新其内容和体系，才能彰显其价值。"理论是灰色的，而生命之树常青"，不断地在实践中扬弃和创新儒商文化，正是普及和弘扬儒商文化的一项重要任务。如果说，随着中国的崛起儒家文化必定复兴，那么，随着中国经济的发展，作为中国经济理性代表的儒商文化也将大放异彩，成为中国软实力的代表和中华民族精神家园的最靓丽的风景，展现出其实用的价值和强大的生命力。

戢斗勇

儒商与儒商文化

在许多人的印象中，儒者或是那些温文尔雅、之乎者也的文弱书生，抑或是那些崇义贬利、嫉富如仇的道学家。然而，有那么一个群体，他们是跻身商场逐利的"商人"，他们以自己的品行，实践儒术，崇尚儒道，发展儒学。这个"亦儒亦商"的群体，就是"儒商"。正如明代儒商汪道昆所言："良贾何负闳儒！"儒商以其"实践的儒学"弥补了"典籍的儒学"之不足，在经济领域成就了儒家"内圣外王"的事业，从而使儒商文化成为儒家文化不可或缺的重要组成部分。

了解儒商和儒商文化，其意义不仅在于能够更加全面地把握儒学和儒家文化，更显直接和迫切的是，随着"儒商"成为企业家乃至全社会关注和争议的焦点，在当代中国经济和文化大潮中激起了一朵朵汹涌澎湃的浪花，人们绝不能对这一经济和文化现象等闲视之。曾几何时，企业界、理论界共同为"儒商"着迷，在企业里、在报刊和书籍中、在研讨会上、在现实生活的许多场合，人们谈论着儒商到底是何等人物，承载着何种价值。有的人以"儒商"为时髦至尊的雅号，有的人则说他们是时过境迁的"古董"，甚至是极为有害的"砒霜"；有的人自诩为儒商，有的人则揭露其假儒商的面目。人们对"儒商"的见解依然是各执己词，莫衷一是，或褒或贬，纷争频仍。到底什么是"儒商"？怎样看待"儒商"？让我们通过"儒商文化"，找到揭开谜底的钥匙，让"儒商"之谜大白于天下。

一、何人可称"儒商"

我国有个"盲人摸象"的成语故事，说的是几个从未见过大象的盲人，用摸大象的方法来确定大象的长相。摸到鼻子的说大象像弯弯的管子，摸到尾巴的说大象像细细的棍子，摸到腿的说大象像粗粗的柱子，摸到身体的说大象像一堵墙。其实他们说得都不全面。推崇儒商的热潮虽然已历数十年之久，出版的著作逾数十本、文章有数百篇之多，研讨会、讲习班不计其数，却对"儒商"之"象"到底是什么，大都是摸象的瞎子，偏于一己之见而未臻统一。人们对儒商的问题产生这样或那样的争议，一个基本的原因，在于对什么是儒商尚未有明确的认识。因此，我们首先应当界定儒商的概念，揭示儒商的内涵和特点，这样才能得到对儒商的正确认识。

1．儒商概念的界定

"儒商"不是从历史的故纸堆中翻检出来的旧名词，在古代的典籍中，有儒士、儒医、儒将的提法，却尚未查到"儒商"的称谓。在现代，不仅在旧版和新版的《辞海》中都没有"儒商"这个词条，而且，一些外国的学者说，就连要把"儒商"概念翻译成外文，都难以找到合适的对应词语。经检索，迄今为止，国内对"儒商"一词的英译还未能统一。儒商的概念是后起的，最先用"儒商"一词的人现无可考。一般来说，这一名词最早是人们分析实业家的奋斗经历，用以揭示成功者的特征，并以此扩大为专门指称具有一定特征的商人、企业家的概念。也有人说，儒商的概念是从日本传入的，自从被誉为"日本近代企业之父"的涩泽荣一主张"《论语》加算盘"的经营管理的理念以来，这些用儒家伦理来指导经商、办企业的人，就被称为"儒商"。目前能够检索出的最早使用"儒商"概念的学者是哲学家贺麟，他在1988年商务印书馆出版的《文化与人生》一书中，收入了《儒家思想的新开展》一文，指出："在此趋向于工业化的社会中，所最需要者尤为具有儒者气象的'儒工''儒商'和有儒者风度的技术人员"，希望以此"使商人和工人的道德水准和知识水准皆大加提高"，"庶可进而造成现代化、工业化的新文明社会"。

涩泽荣一

儒商虽是个"新名词"，但儒商群体却是早就存在的。在古代，"儒商"就是"用儒意而通积著之理"，"商名儒行"的商人；在现代，"儒商"就是"以儒经商"的商人、企业家。从字面上解释，"儒商"乃是"儒"和"商"的合成词。"儒商"之"商"显然是指商人，亦可泛指古今的工商"企业家"乃至"个体户"；"儒"指儒家传统，也就是孔孟之道。由于儒家文化是中国传统文化的核心、主流，在"儒商"概念中，以"儒"代指包括儒、法、佛、道、墨、兵、商等在内的中国传统文化。因此，如果要对"儒商"下一个定义，我们可以这样界定理解：广义的"儒商"指的是具有以儒家思想为核心的中国传统文化精神的商人、企业家；狭义的"儒商"指的是以孔子倡导的儒家思想、理念来指导和规范自己的经济行为的商人、企业家。

2．儒商的四大特点

从上述对"儒商"的定义，具体分析古今儒商群体，我们可以得出"儒商"本质属性的四个规定性，即四个特点。

（1）**办营利企业**　从职业分工来看，儒商是进行经营活动的人。在古代，他们往往从事着商品买卖，有着"商贾"的身份。在现代，他们必须是从事企业经营活动，有着"企业家""经营管理者"的身份。无论是工业、商业还是文化服务业等，也无论是大企业还是个体经营，总而言之，其主业必须是从事营利的经营活动。

（2）**有知识能力**　中国著名经济学家于光远曾说："有学问的企业家称'儒商'。"儒商的魅力得益于事业的成功，而儒商成功的秘诀，在于他们有"知识"，是"以智经商"的商人、企业家。无论是在古代典籍中的陶朱公范蠡，还是在现代影视剧《乔家大院》中的乔致庸，儒商们都是那些懂谋略、善经营、能算计、有魄力，从而发家致富、事业有成的人。这些"知识"不一定是从书本上、学堂里学来的文化知识，而重要的是实践知识，尤其是过去许多儒商人物家境贫寒，并没有上过多少年学，考取多么高的"学历"，大多是从当学徒、从经商办企业的实践中打拼而来。在现代，儒商中许多人接受过良好的学历教育，不仅掌握现代经营管理知识，而且了解相关的现代科技知识，有很深的文化素养和知识分子气质。

（3）**讲经济道德** 儒商更为本质的属性是道德性。儒商不仅"以智经商"，而且"以德经商""以义经商"。他们将智慧与道德相交融，将做人之道与经营之道相统一，将企业发展和营利与社会责任相结合，在经营原则上遵循"君子爱财，取之有道"的商人、企业家职业道德观，诚实守信，依法经营，爱护员工，尊重顾客，回馈社会。过去人们常说"无商不奸"或"无奸不商"，而"儒商"一扫"奸商"的坏名声，变成人们交口称赞的成功人士和道德楷模。

（4）**崇尚儒家文化** 儒商的"以德经商"之"德"是儒家道德，"以智经商"之"智"是儒家之术。如前所述，从广义的儒商定义来看，儒商是"具有以儒家思想为核心的中国传统文化精神的商人、企业家"。中国传统文化是多元的，也就蕴含了儒、法、佛、道、墨、兵、商等，所以，广义的"儒商"实际上还包括了道商、禅商、兵商等，他们都是很值得探究却又未受重视的商人群体。但毕竟中国传统文化的核心是儒家文化，且各家的思想在经济道德层面上有相通性，狭义的"儒商"指的是"以孔子倡导的儒家思想、理念来指导和规范自己的经济行为的商人、企业家"。目前，狭义的儒商是我们更为关注的对象。

以上四项规定性，即四个特点，在儒商那里是共同存在、共同起作用的。若仅有单独一项，那这一项就会是瞎子摸到的大象的腿，或鼻子、身子、尾巴，大象的形象就不全面，同样，儒商之名也就不能成立。这四项规定性的集合，也就是判定是否为儒商的标准。

3. 对儒商纷争的辨析

纷争源于无准，疑义起于模糊。我们既已界定了儒商的概念，解释了儒商的特点，我们就有了对儒商的较为清晰的认识，就有了辨析儒商问题争议的评判标准。综观数十年来的对儒商争议，我们应当分清四类情况：

（1）**儒商与非儒商**　一些论者肆意地将儒商的范围扩大，只要是风度儒雅的人，都奉上儒商的雅号。例如，有些人只看到儒商的"儒"字，忘了儒商的"商"字，把纯粹的记者、作家、教师，也冠以"儒商"的名号，这就泛化了儒商的外延，因为这些人安身立命、养家糊口的途径是领取工资、稿酬等，与儒商必备特点的企业的经营性、营利性是有本质区别的。即便是文人下海，亦文亦商，若要介绍他们的儒商事迹，也应当反映其如何以儒经商，而不可仅渲染其舞文弄墨的"成就"，失却儒商本旨。另一些论者则只看到儒商的"商"字，忽略了儒商的"儒"字，最有代表性的是社会上乃至学界曾经一度对"知本家"的

推崇，认为知识经济条件下掌握了知识资本的知识分子是最有
前途的，而认为"知本家"就是"儒商"，更是将知识属性无限
扩大，忽略了儒商的道德属性和崇尚以儒家为主的中国传统文
化的特性。"知本家"满足了上述儒商四个特点中的"办营利
企业""有知识能力"两项，有的"知本家"能够满足"讲经济
道德"和"崇尚儒家文化"两项，但是只有四个特点都具备的"知
本家"才可称为儒商。可见，并不是所有的"知本家"都是儒商。

（2）**真儒商与假儒商**　由于儒商是一个时髦而荣耀的"桂
冠"，许多人自诩为儒商。但其中有些人仅有儒商的表象，他
们或是叶公好龙者，或是阳奉阴违者，甚至有些人是打着儒商
的旗号以达到个人无法告人的目的。著名学者、美国夏威夷大
学教授成中英先生曾批评有些商人致富之后，附庸儒者的风雅，
热衷琴棋诗画，是没有意义的徒具形式的"儒商"。如果说这
种假儒商并没有什么太大的危害的话，另一种假儒商对社会的
危害就大了。例如，有的叶公好龙者平时总以儒商自居，一到
关键时刻，当道义需要他捐钱出力时，就立即成了缩头乌龟，
或只要认捐的虚名而"假捐"却赖着不兑现。更有甚者，例如
曾列为中国首富的南德集团总裁牟其中，就自诩为当代"儒商"
的代表性人物，还在南德集团办了"儒商学院"，扬言要把它
办成培养儒商的"黄埔军校"。但他却是个假儒商，以信用证
诈骗罪被判刑。看一个人是否真儒者，不是看他说了什么，而
是看他做了什么。国内曾有个研究现代新儒学的"权威"，儒
学根底不可谓不深，却趁出国讲学之机，伪造结婚证，分别六
次带不同的六个"妻子"出境未归，非法获利十七万元，以骗

取出境证件罪被判有期徒刑，真是儒者的耻辱。同样，我们看一个人是否儒商，也要"听其言，观其行"，这是检验其是否真儒商的更为根本的标准。

（3）**纯儒商与准儒商**　鉴于儒商所崇奉的中国传统文化的复杂性以及人们行为的复杂性等原因，即便是儒商，也有纯儒商与准儒商之分。一种情况是，有的儒商崇奉中国传统文化的《周易》和儒家，有的崇奉老庄道家，有的崇奉《孙子兵法》，有的崇奉佛教，其中以儒家思想指导经商实践的属纯儒商，而崇奉和运用中国传统文化的其他思想的属于准儒商。另一种情况是，有的儒商虽然是以儒家思想指导经商实践，但崇奉的是儒家的某些思想，而未能遵循儒家的另一些主张。能够全面地崇奉儒家思想的儒商是纯儒商，部分地崇奉儒家思想的儒商则是准儒商。如"红顶商人"胡雪岩就是著名的准儒商。

（4）**旧儒商与新儒商**　旧儒商亦称传统儒商，新儒商亦称现代新型儒商。从时间上看，近代以前的儒商显然是旧儒商，现代的儒商有可能成为现代新型儒商。由于传统文化的遗传性，现代的儒商中有相当一部分人在文化知识、道德观念等方面仍延续着旧的传统，未能跟上时代和科技的发展。只有那些既具有现代生产力和现代经济活动的有关知识、智慧、眼光和文化素养，又具备与现代市场经济、知识经济相适应的伦理道德品格和风范的新型商人企业家，才称得上是现代新型儒商。例如，许多私营企业主懂经营、讲道德、崇儒术，但却死守家族制，不实行现代企业制度的改造，这样的企业家只够得上旧儒商，而不能称为新儒商。

还有一类是超越儒商的企业，即一些现代企业以中国特色社会主义核心价值观为指导，超越了一般的儒商范畴而达到更新、更高的境界，他们难以简单地用儒商来指称。例如，华为在实践中摸索出了一套鼓励竞争拼搏，同时又有关爱情怀的现代企业管理理念和方法。从2008年开始，华为设置了"首席员工健康与安全官"，由副总裁担任这一职务，员工的劳动保障、工资报酬和福利待遇皆得到保障。任正非独创性地将儒家提倡的"以人为本"升华为"以奋斗者为本"，并按贡献将企业红利让员工分享。这就使华为在提倡拼搏精神的同时，增加了企业温情管理的一面，从而保证了华为能够持续保持高速发展，在国际激烈的竞争中勇立潮头，成为一枝独秀。华为可以说是现代新型儒商兴办的企业的典型范例和发展方向。

二、何谓"儒商文化"

正如本书前面所谈到的，由于儒商内涵的复杂性和人们行为的多变性，评价某个具体的人是否儒商，争议是很大的。因此，儒商的价值不在其名号，而在其文化。儒商文化是极具人生价值、社会价值和经济价值的经济伦理和企业文化。现在，就让我们来揭开儒商文化的神秘面纱。

1. 儒商文化的定义

曾几何时，"儒商"像一顶充满魅力的桂冠，一些商人、企业家对之十分热衷。儒商的评选此起彼伏，商人、企业家以跻身儒商为荣。一些名牌大学也乘势开设专门针对企业家及高管的国学课程，有的直接打着"儒商"培训的旗号，学费由数千元到几十万元不等。各种研讨会更是"你方唱罢我登场"，商界精英、企业名人与文人墨客一道，侃侃谈国学，倾心学儒商，"儒商热"俨然成为一种文化现象。

"儒商"在很大程度上是一种独特的符号，其理念和行为模式构成符合特定的社会规范的文化，这种特定的文化就是"儒商文化"。然而，正与儒商的概念纷争频仍相似，儒商文化到底是什么，迄今也没有任何文献给出过明确的含义，纵有一些表述亦难以令人信服。一方面，儒商概念本身含义复杂，模糊杂陈；另一方面，文化的含义更是莫衷一是，至少已有100多种定义。学术界公认英国学者爱德华·泰勒的文化定义最为经典，他说："文化，就其在民族志中的广义而言，是一个复合的整体，它包括知识、信仰、艺术、道德、法律、习俗和个人作为社会成员所必须的其他能力及习惯。"我国《辞海》（1999年版）的"文化"定义最为通俗易懂，即："广义指人类在社会实践过程中所获得的物质、精神的生产能力和创造的物质、精神财富的总和。狭义指精神生产能力和精神产品，包括一切社会意识形式、自然科学、技术科学、社会意识形态。有时又专指教育、科学、文学、艺术、卫生、体育等方面的知识与设施。"参照这些有关文化的论述，结合儒商文化的实际，儒商文化的定义可以这样表述：儒商文化是人们关于儒商的知识、信仰、规范和与之相适应的生活方式、社会评价的总和，是儒家经济伦理模式的体现，是儒家管理理念和方法的结晶，是具有中国特色的企业文化。用通俗的话来概括，儒商文化就是儒商以义取利的生意经。

2．儒商文化的内涵

根据上述定义，我们可以从四个方面解释儒商文化的内涵。

（1）**儒商文化是客观存在的文化系统**　儒商文化是客观存在的，它是古今儒商们在长期的历史过程中，将以儒家文化为主干的中国传统文化与经济实践相结合，从而形成一套较为完整的知识、信仰、规范和与之相适应的生活方式、社会评价等的文化系统。儒商文化是一种早已存在的文化形态，其历史与儒商的存在一样长，它是儒商人物的理论和实践的文化凝结，是儒家伦理文化与经济文化相结合的产物。儒商是儒商文化的主体，儒商文化是儒商理论与实践的文化结果。按照文化学的分类，儒商文化也可以分为儒商的观念文化、儒商的制度文化、儒商的行为文化和儒商的器物文化。不过，儒商文化一直以自在的方式存在，在长期的传统社会里，儒商被贬低，儒商文化也不属于正统儒学。只是在改革开放以后，儒商文化才得以摆脱"潜文化"状态变为"显文化"，儒商逐步地扬眉吐气。对于儒商文化，我们需要花大力气进一步地挖掘、提炼、扬弃和升华，使之成为文化自觉和有益的文化精华，变成具有中华民族特色的文化"软实力"的重要组成部分。

（2）**儒商文化是儒家经济伦理模式的体现**　世界闻名的德国学者马克斯·韦伯的《新教伦理与资本主义精神》出版100多年来，经济伦理与社会经济发展的关系已经成为人们关注的焦点，新教经济伦理被视为资本主义得以在西方形成的精神动因。韦伯在该书以及后来出版的《儒教与道教》一书里面，论证了以儒教为代表的东方经济伦理与新教伦理不同，它阻碍了资本主义在中国的产生。然而，20世纪中后期属于所谓"儒教文化圈"的日本和"亚洲四小龙"实现了经济腾飞，说明儒家文化与经济发展并不是格格不入的，而是有助于现代经济发展的，它是与新教伦理所不同的经济伦理模式。也正是在这样的历史背景下，"儒商"的概念应运而生。虽然最早使用儒商概念的文献已无从考究，但人们逐渐地将提倡"《论语》加算盘"的日本企业家涩泽荣一以及爱国企业家陈嘉庚、曾宪梓等人称为"儒商"，并进而影响到改革开放后走在社会主义市场经济前列的商人、企业家。对儒商的追求逐步地朝"蔚然成风"的趋势发展。儒商称谓所代表的商人、企业家群体的精神实质是儒家经济伦理，他们以义利统一的道德和精明果断的智慧树立了一代新型企业家的风范，并用其实践深化、丰富和发展了儒家经济伦理的内涵，形成了不同于儒学文本考据和阐释的具有实践性特色的儒商文化。

（3）**儒商文化是儒家管理理念和方法的结晶**　按照西方管理学的理论，管理模式大致有所谓X、Y、Z三种。1911年，美国管理学家泰罗发表《科学管理原理》，这是西方管理学发展的第一阶段的标志。"泰罗制"以人性恶为出发点，把工人看成是机器的延伸物和只为追求金钱的"经济人"，对员工应当实行严格的计件管理制度，以提高劳动生产率。但"泰罗制"容易引起管理者与被管理者关系的恶化，压抑雇员的积极性。1924—1932 年，美国哈佛大学教授梅奥进行了著名的霍桑试验，标志着西方管理学理论发展到第二阶段。实验以人性善为出发点，证明人不是纯粹的经济人，而是有尊严、有友情、有归属感的"社会人"，只要员工觉得自己受到尊重和关心，就会有高昂的士气和工作效率。到了 20 世纪 50 年代末，美国行为学家麦格雷戈把"泰罗制"和霍桑试验得出的结论分别概括为"XY 理论"，从此，X 理论和 Y 理论就成为西方管理学发展两大阶段、两种模式的代称。1981 年，威廉·大内出版《Z理论——美国企业界怎样迎接日本的挑战》，又进而提出 Z 理论，成为西方管理学理论发展的第三阶段。大内认为，无论是X 理论将人性假设为恶的、人是"经济人"，还是 Y 理论将人性假设为善的、人是"社会人"，都没有考虑人的个性、需求的差异性和客观环境对人的影响等因素，因而是不完善的。他提出人是因时、因地、因各种情况而采取适当反应的"复杂人"，在管理上应该运用灵活多变的激励方法，被称为"权变理论"。Y 理论和 Z 理论都属于人本主义管理理论的范畴。原始积累时期的资本主义普遍实行 X 管理模式，当今世界先进国家和企业的管理理论与实践正在由 Y 模式向 Z 模式转变的过程之中。值得注意的是，大内是一个日裔美籍管理学教授，他提出

Z 理论, 是以美国和日本经济比较分析为基础建构的管理模式。而日本文化是以中国传统文化为渊源的, 日本的企业管理深受儒家思想的影响, 涩泽荣一就是儒商的重要代表人物, 他提出的"《论语》加算盘"的思想, 早已成为日本企业管理的原则。东亚国家和地区以及世界华人经济的飞速发展, 说明以儒家文化为主体的中国传统管理理论和方法含有适应现代市场经济和社会发展的管理文明的合理因素, 其中的管理秘诀就在于儒商文化。从儒商管理传统的角度分析, 总的来说, 儒商的管理模式是一种尊重人、发挥人的自身内在积极性的"模式主动型"管理理论和方法。儒商文化讲道德, 重视企业内部的凝聚和外部的协调, 把人的因素摆在第一位, 既属于 Y 理论的范畴, 又属于 Z 理论, 是 Y 模式与 Z 模式的综合体, 同时具有中国的特色。

（4）**儒商文化是具有中国特色的企业文化** 企业文化是反映企业在长期生产实践中形成并被全体员工共同信守的群体理想目标、价值观念和行为准则的总和, 包括企业价值、企业精神、企业传统、企业道德、企业风格、企业形象、企业管理哲学等内容。"企业文化"由美国学者于 20 世纪 80 年代初提出, 此后便迅速风行于各西方发达国家和松下、索尼、IBM、通用公司等著名企业, 20 世纪 80 年代中后期传入我国并愈来愈受到普遍的重视。现代企业文化的概念、理论虽然是从国外引进的, 但企业文化的思想在中国却早已有之。中国传统的企业文化主要在"儒商"那里。儒商文化就是中国传统意义上的企业文化。儒商文化传统是中国文化传统这一大系统中的一个子系统，同时它又是一个特殊的子系统，即它的范围属于工商企业、经济领域的文化，它的主体是包括工商企业家在内的"商人"，它的性质是将以儒家思想为主干的中国传统文化、中华民族精神指导和规范企业的生产、经营等经济活动，从而形成的以观念、价值、理论、制度、行为、形象、器物等为载体的中国式的企业文化传统。儒商文化既是一种特有的企业文化，又是成功企业家的标识。儒商文化传统可以经过吸取其精华、去除其糟粕，成为具有中国特色的当代企业文化的母本，从而极具价值。

三、儒商价值的文化追寻

我们之所以要认真地研究儒商和儒商文化，是由儒商和儒商文化在 21 世纪的地位所决定的。我们所褒扬的儒商不是传统的旧儒商，而是现代新型儒商，儒商文化也是经过更新改造的现代新型儒商文化。随着中国经济的发展和中华民族的复兴，儒商和儒商文化将更加突显其价值。

1．儒商的时代定位

从 21 世纪的特征来分析，在 21 世纪里，儒商具有特殊的地位，它以中国特色的现代企业家的主体姿态，成为 21 世纪的骄子。

（1）21 世纪是和平发展深入人心的世纪，儒商是经济领

域和平发展的体现者 儒商的特征是以儒经商，而儒家文化具有鲜明的"人道主义"和"和平主义"性质。儒家经济伦理精华主张"仁爱""和谐"，主张竞争应当是平等公正的"君子之争"，提倡并善于公正和平的经济协作与竞争，完全符合 21 世纪和平与发展的时代潮流。以儒家经济伦理精华的人道主义和和平主义指导经济实践，规范世界经济秩序，保证世界各民族的经济在公正平等、和平竞争的环境中求得利益共享和相对平衡地发展，而不是强国经济对弱国经济的支配。

（2）**21 世纪是市场经济走向成熟的世纪，儒商是市场经济理性的主体** 指导现代儒商的除了对经济规律的理性认识外，主要是经过时代改造的儒家思想。儒家经济伦理精华，其特征就是"经济合理主义"，它决定了 21 世纪的儒商是市场经济理性的主体。儒家经济伦理精华的主要内容是"六德"："仁""和""中""稳""实""俭"，它们是保证经济健康稳步发展的原则规范，也是保证经济的发展与社会的进步和自然的保护相协调、相统一的原则规范。按照上述"六德"去做，市场经济就是规范的经济、理性的经济，就不会出现恶劣的社会问题，也将阻止类似于"华尔街金融海啸"的经济危机的爆发和蔓延。由于企业家是市场经济活动的主要支配者，因此，如果以儒家经济伦理精华的"六德"为指导的儒商成为企业家的主体，那就可以说，儒商是 21 世纪市场经济理性的主体力量。

（3）**21 世纪是可持续发展全面实施的世纪，儒商是可持续发展战略的主要实施者** 儒家的经济理性主义具有人文关怀和生态文明观，儒家主张"仁民爱物"，要求人与自然之"和"，要求经济发展与自然资源和环境的保护相协调，具有关爱后代的代际伦理，儒家思想特别是儒家经济伦理精华，就是中国传统的理性发展观，与可持续发展的新观念是一致的。现代新型儒商以儒家经济伦理精华为指导，就保证了这些企业家在生产经营中，能够节约资源，保护环境，从经济的源头上落实可持续发展的战略。

（4）**21 世纪是知识经济蓬勃发展的世纪，儒商是知识经济的促进者** 儒家思想中具有创新的精神，主张"变化""日新""器唯求新"；具有好学重智、尊师重教的传统，主张"学而知之""学无止境""格物致知"，这些观念都是与知识经济的要求相一致的。儒商在"以义经商"的同时，还具备了"以智经商"的特色，也就是要适应现代经济社会发展对科技和管理的要求。在知识经济的时代，儒商将自觉地用现代科技和管理知识武装自己，提高素质；儒商管理的企业也能够像美国学者达尔·尼夫指出的把只具生产能力的"身体企业"变成具有产品开发能力的"头脑企业"。在 21 世纪，随着大批知识分子、科技人才"下海"和现代新型儒商式企业家的产生，儒商企业将在知识创新和高科技发展中起带头的作用。

（5）**21 世纪是中华民族复兴的世纪，儒商是中华民族经济振兴的排头兵** 正如美国未来学家约翰·奈比斯特所说，在全球经济中，人们几乎总是先考虑经济，后考虑政治。市场经济把商人、企业家推到了世界舞台的前沿，同样，儒商在 21 世纪中华民族复兴的伟大事业中，也将起到"排头兵"的作用。首先，中国的经济要走向世界，儒商是"经济大使"；其次，儒商处在经济第一线，将为社会提供优质的产品和服务，为经济的增长和繁荣、为实现现代化做出实际的贡献；再次，海外的儒商也将对祖国的现代化事业提供积极的支持。可以说，儒商既是 21 世纪时代的骄子，也是中华民族的优秀儿女。

2．儒商文化的价值

儒商文化的价值是由其主体价值所决定的。如果说现代新型儒商是 21 世纪代表中国企业家特色的时代骄子，那么，儒商文化就是 21 世纪经济文化的主流，它必将以强劲之势汇入社会文化的大潮之中，掀起巨浪，奔涌向前。

（1）**儒商文化是现代企业精神的重要来源**　企业精神是企业文化的内在要素和本质，是企业价值标准的明晰化，是激励员工奋发向上的精神动力。儒商文化从经济、企业管理的角度弘扬、体现了中国传统文化，它可以帮助我们在建构企业精神时，使企业精神的时代性与传统性、民族个性与企业个性有机地结合起来，采取中国人喜闻乐见的具有个性化、具体化、人情味的形式，真正起到企业精神的指导、感化和鼓动作用。例如，儒商具有"仁爱""民本""民生"的传统，它可以转化为"为人民服务"，"最大限度地满足人民群众日益增长的物质文化需要"的社会主义企业精神，体现社会主义企业的生产目的和社会责任；儒商具有爱国主义传统，这是历史的主旋律，也是社会主义企业精神的时代主题；儒商具有"自强不息"的忧患、改革、创新、竞争精神，这是现代企业精神的主要内容；

儒商具有"反求诸己"的精神，这是现代企业高标准、严要求、自我约束、"苦练内功"、稳步发展的有效方法。

(2) **儒商文化是现代企业道德的重要内容**　企业道德是企业文化的核心，是企业行为自律的内在规范。当代企业管理理论和实践对企业道德越来越重视，将其视之为企业的生命，十分强调以企业的理想、态度、义务、纪律、良心、荣誉、作风等。管理学已经由管理科学阶段和管理哲学阶段，发展到管理伦理学阶段。儒商就是讲传统道德的商人、企业家，将道德与经济融为一体是儒商的特色。在儒商道德中，含有许多可以作为构成具有中国特色的现代企业道德"内核"的因素、原料。儒商崇尚的以义取利、诚敬就业、言信货实、和睦协调、勤俭廉洁等道德规范，可以成为建构现代企业道德的合理内核和重要内容，发挥其价值核心的作用。

(3) **儒商文化是现代企业形象的设计方法**　企业形象是企业文化的重要内容，是企业精神、企业道德的外在表现。企业的形象设计讲的是企业的个性、身份、形象，企业形象系统就是企业的识别系统。企业形象的优劣，与企业产品在市场上的占有率呈正相关线性关系。儒商文化对塑造现代企业形象是极有帮助的。根据企业形象理论，企业形象由三大支柱构成：一是理念个性、理念识别或理念形象；二是行为个性、行为识别或行为形象；三是指视觉个性、视觉识别或视觉形象。用儒商文化作为企业形象设计的基本蓝图，就能抓住企业形象的灵魂，使企业的形象建设变得全方位、高品味、长效应。近些年来，一些企业主动地争"儒商"的牌子，许多企业家以儒商自诩，就是一个良好的发展态势。在中国人的人格认同意识中，道德形象具有极大的吸引力。特别是在目前假冒伪劣商品泛滥的社会环境下，人们最痛恨的是奸商，以讲道德为特征的儒商形象是令顾客感到亲切的。"近君子，远小人"，这是千古明训，也是儒商形象为什么具有如此大的感染力的秘密所在。儒商形象除了具有道德性的特征外，还有"民族性"，这也是它得到全国人民普遍认同的重要原因。儒商的实践证明，企业生产和经营必须与中华民族传统风俗习惯协调一致，才能取得成功。"品牌的后面是文化"，文化积淀着民族传统。采用儒商的形象战略建设现代企业形象，就必须注重企业形象的民族特色。"民族化"是企业树形象、创名牌的成功之策。

（4）**儒商文化是现代企业管理的智慧宝库**　首先，儒商以性善论为主的多元论人性思想符合现代管理学的人性假说；其次，儒商以人为本的管理哲学符合现代管理理论和实践的发展趋势；再次，儒商家族结构的亲情式管理具有极大的凝聚力；最后，儒商灵活的经营战略是现代企业管理行之有效的方法。如前所述，儒商管理文化不属于西方管理学划分的 X 管理模式，而属于 Y、Z 管理模式，这是现代管理学的主流和趋势。近些年来，西方管理学把人居于企业经营管理的中心地位来创新管理模式。儒商正是以人为本的管理哲学，它对现代企业管理具有重要的启示，那就是企业管理要以人为中心，而对人的管理要以"得人心"为基础。发扬儒商以人为本的管理传统，对于保持职工在企业中的主人翁地位，发挥人民群众建设中国特色社会主义的积极性，具有积极的意义。

儒商文化的源流

要认识一个事物，就应当了解它的历史，弄清它的来龙去脉。儒商文化的历史与儒商的历史是相关联的。儒商产生于先秦，成长于中古，成熟于近代，变革于现代，延绵两千多年，几乎与儒家形成的历史一样长。由于儒商文化是儒商们在长期的历史实践中创造和发展的文化形态，儒商文化的历史理应稍后且紧随于儒商的历史。因此，儒商文化的源流脉络是：儒商文化奠基于先秦，形成于中古，发展于近代，创新于现代。

一、先秦：儒商文化的奠基

先秦是儒商的形成期。旧时，商人们流行在自己店铺的门口或堂内悬挂诸如"陶朱事业，端木生涯"，"经商不让陶朱富，货殖当推子贡贤"的匾额对联。陶朱、子贡指的就是人称"商业之神"的范蠡和儒商鼻祖的端木赐。以范蠡、端木赐为代表的先秦儒商，就是儒商文化的奠基人。

儒商文化的主要思想来源是"百家争鸣"的诸子百家中的儒家和商家。早在《尚书·大禹谟》中，就有"正德、利用、厚生"的理念，这是诸子百家中萌发儒商文化的共同基础。有史料记载的具有较为丰富思想观点的商家的最早代表是计然，尔后有范蠡、白圭等。这些商家人物的思想，在伦理道德观上与儒家是相通的，其中，范蠡的思想中就初步反映出了儒家与商家的交汇。而孔子的门徒子贡（端木赐），则完成了儒家与商家的思想融合，是儒商正式产生的主要代表。先秦儒家文化与商家文化初步融合，成为儒商文化的基础。

1. 商业之神范蠡

先秦时期"百家争鸣"中的商家，其出现的年代大致与农家一样久远，甚至早于儒、道、法、墨、兵诸家。最著名的商家人物是春秋末期的范蠡，他被认为是中国的"商神""商圣""商祖"。由于他的思想和行为与儒家的思想倾向有一致的地方，且小孔子15岁，我们也可以认定范蠡为最早的儒商。

范蠡

范蠡（公元前536年—公元前448年），楚宛三户（今河南省南阳市）人，字少伯。他家境贫寒，聪慧过人，是楚国的青年才俊，却不被君王所用。当时越王勾践兵败会稽山，范蠡异于常人，投奔失败的勾践，献"乞吴存越"之策，劝说勾践为吴国人质，并陪同勾践"卧薪尝胆"三年，被拜为上大夫。三年后其回到越国，与文种一道拟定兴越灭吴的"九术"。据传，其中之一就是"美人计"，越王把范蠡在苎萝山发现的越溪美女西施献给吴王夫差，使他沉溺女色，分散精力，从而里应外合打败了吴国，夫差被迫自杀。范蠡先后20余年助越灭吴，功绩显赫，被尊为上将军。但是，范蠡却急流勇退，乘一叶扁舟弃官而去，时年68岁。辞官出走的前夜，范蠡留下一封书信给挚友文种，说越王是个可共患难、不可同富贵的人，现在"飞鸟尽，良弓藏；狡兔死，走狗烹"，要文种好自为之。果然，范蠡走后不久，文种就因遭越王猜忌而伏剑自杀。

范蠡来到齐国，变姓名为鸱夷子皮，带领儿子和门徒在海边结庐而居，致力农商，几年时间里就有了千万家产。齐王拜他为主持政务的相国。他预感到自己已经官居卿相，富致千金，若不见好就收，恐遭不测。于是，他任齐相三年，便挂相印，散家财，迁徙至陶（今山东定陶西北），自号"陶朱公"。当时的定陶东邻齐、鲁，西接秦、郑，北通晋、燕，南连楚、越，被称为"天下之中"，是最佳的经商之地。他按照计然的经商之术，没出几年又成巨富，人们因而皆尊陶朱公为"财神"。由于范蠡是司马迁在《史记》里记载的中国历史上的第一个"货殖"专家，因而他是我国史籍明确记载的商业鼻祖。

2．儒商鼻祖子贡

子贡（公元前520年—公元前456年），春秋末期卫国黎地（今河南省鹤壁市浚县）人，复姓端木，名赐，字子贡。他小孔子 31 岁，是孔子的得意门生"七十二贤"和"孔门十哲"之一。孔子赞许他是"瑚琏之器"（瑚琏指古代宗庙中盛生黍的祭器，常用来比喻有立朝执政才能的人），有"举一反三"的聪明智慧，办事通达。子贡有杰出的从政和外交才华，曾仕于卫、鲁，游说齐、吴等国，闻名于诸侯。司马迁甚至说他在十

子贡

年之内参与改变了五国的命运：保全鲁国，乱了齐国，灭了吴国，强了晋国，使越国称霸。而子贡在历史上最被称道的，是他经商的才华。他原为商人，拜师孔子门下后仍然继续经商。他经商的技巧炉火纯青、出神入化，因而财源滚滚，富可敌国。司马迁在《史记·孔子世家》记载：孔子的门徒中"七十子之徒，赐最为饶益"。《史记·货殖列传》中也记载："子贡结驷连骑，束帛之币以聘享诸侯，所至，国君无不分庭与之抗礼。""分庭抗礼"的成语就是从这儿来的。子贡拥有大量的财富，这为孔子率其门徒周游列国提供了有力的经济保障，乃至孔子声名远扬，子贡都做了极大的贡献，正如《史记·货殖列传》中记载的："夫使孔子名布扬于天下者，子贡先后之也。"孔子死后，子贡从江南千里奔丧，将南方稀有珍木楷树移植于孔子墓旁，又以楷木刻孔子夫妇像，象征孔子为天下楷模。孔子的弟子们在孔

子墓前筑室服孝守灵三年，期满相继离去，唯有子贡继续守墓三年，共达六年之久。

子贡晚年居齐，直至终老。唐玄宗时被追封为"黎侯"，北宋真宗时加封为"黎阳公"，明嘉靖时改称"先贤端木子"。由于子贡是孔子的得意门生，得儒家真传，又有丰富的经商实践，他经商致富，是其运用儒家理念、结合经济规律和经商技巧的结果；且与范蠡相比，子贡虽比范蠡年少，经商却更早，因此，子贡不仅与范蠡一样也是中国的商业鼻祖，而且是先秦最具完全意义的儒商，是历史上儒商群体最终形成的标志。

3. 萌芽期的儒商文化

《盐铁论·贫富》中记载："子贡以著积显于诸侯，陶朱公以货殖尊于当世。富者交焉，贫者赡焉。故上自人君，下及布衣之士，莫不戴其德，称其仁。"这段话充分说明，在儒商文化的奠基者那里，就已经具备了儒商的基本特点。

（1）**以智经商** 在先秦儒商那里，经商做买卖是他们大展身手的舞台，商战智慧使他们功成名就。商业鼻祖范蠡虽出身贫寒，但聪敏睿智。他靠"计然之策"而致富。计然，春秋时期宋国葵邱濮上（今河南省商丘民权县）人。计然博学聪颖，曾南游至越，受当时困于会稽山上的越王勾践的礼遇而得到任用，并成为范蠡的老师。据司马迁《史记·货殖列传》记载，计然有十分丰富的商家思想，是商家的代表人物。他的经商计策被称为"计然之策"，主要保留在范蠡的著述中，被范蠡和后代商家所推崇和继承。范蠡继承和发展了"计然之策"，早在两千四百多年前就阐明了商业就是互通有无的本质。他说："越国善蚕桑、齐国善耕锄、秦国善冶炼、赵国善土木，各国有各国的长处，经商就是促成各国交流。"范蠡主张"农末兼营"，"劝农桑，务积谷"，"务完物、无息币"，"夏则资皮，冬则资绤，旱则资舟，水则资车，以待乏也"，以"平粜各物，关市不乏"为"治国之道"。他应用"计然之策"，通"万货之情"，知"积著之理"，贱买贵卖，人弃我取，人取我与，成为"财神"和"商业之神"。

儒商的鼻祖子贡也智慧超群，集演说技巧、外交能力和经商之道于一身，尤其在经营理财方面有着卓越的天赋。《论语·先进》载孔子之言曰："赐不受命，而货殖焉，亿则屡中。"《史记·仲尼弟子列传》亦载："子贡好废举，与时转货资……家累千金。"这说明子贡有突出的商业预测能力，能够依据市场行情的变化，贱买贵卖，从中获利，以成巨富。

战国时期的白圭也是最早的儒商之一。他认为应当"乐观时变"，即按照天文气候来预测农业的丰歉，以决定谷物、蚕茧、丝漆等农产品贱买贵卖的时机，提出"人弃我取，人取我与"的经营准则。司马迁赞誉他说："盖天下言治生祖白圭。"

（2）**以德经商** 上面介绍的先秦儒商经商致富的方式，主要是依靠无损于民的商业技巧，而不是损人利己，这就是以德经商的基本要求，也是儒商文化最具本质的特征。先秦儒商不仅以道德理性精神经商，而且，在致富之后并不是为富不仁，而是仗义疏财，急公好义，扶困济贫。范蠡就在"十九年之中三致千金",创造了巨大的财富,成为当时中国的首富。但他把金钱看得很淡薄,"三致千金"后,每次都散尽私财给老百姓。所以,他被时人誉为"富好行其德者"。自古至今,历史学、经济学等学术界对范蠡都有很高的评价。

子贡作为孔子的弟子,有着极高的德行。《论语·雍也》记载,子贡问孔子:"如有博施于民而能济众,何如?可谓仁乎?"孔子回答说:"何事于仁,必也圣乎!"可见,子贡具有或推崇"博施于民而能济众"的远大理想和高尚情操,这句话是后儒们进行"治国平天下"外王事业的座右铭,也是儒家经济伦理的重要论断。《论语·学而》还记载了子贡与孔子的一次谈话:"子贡曰:'贫而无谄,富而无骄,何如?'孔子曰:'可也;未若贫而乐,富而好礼者也。'"这说明,子贡具有或推崇"富而无骄"的品格。的确,子贡虽然富可敌国,但却是很谦逊的。《论语·子张》记载,鲁大夫叔孙武子在朝廷上公开说:"子贡贤于仲尼。"子服景伯把此话转告给子贡,子贡反复解释自己远远不及其师孔子,以至于有个名叫陈子禽的人说子贡对老师太恭敬谦虚了。

从司马迁《史记·货殖列传》记载的白圭的思想来看,他也具备了儒商以道德经商的特点。他在魏文侯时,曾一度任相,主张减轻税敛,"二十而取一"。又兴办水利,建筑堤防。这说明他注重国计民生,体恤百姓,努力减轻人民负担。他说:作为一个商人,应当"能薄饮食,忍嗜欲,节衣服,与用事僮仆同苦乐"。这又说明他在生活上崇尚俭朴,在事业上吃苦耐劳,而且能够与仆人平等相待,同甘共苦。

(3)**儒商结合** 在先秦,儒、道、法、兵、墨、农、商诸家刚刚问世不久，佛禅尚未传入中国，但商家与其他并行而立的诸家已经开始了融合。上面已经提到，子贡是孔子的弟子，孔子周游列国，应当得到了子贡的资助，"使孔子名布扬于天下"，子贡是真正意义上的儒商。先秦也有商家应用法家、兵家甚至道家的计策发家致富。如早在战国时期，白圭就在中国历史上最早提出"商战"说，把自己经商比作吕尚谋略、孙子用兵和商鞅崇法。他就是应用法家、兵家思想进行商业活动的"儒商"。本书在前面已经说明，应用儒家思想从事经济活动是"纯儒商"，应用中国文化的其他流派的思想指导经济活动的，可称为"准儒商"。在先秦，子贡可说是"纯儒商"的代表，白圭可说是"准儒商"的代表。

二、中古：儒商文化的成型

从先秦以后到明清漫长的历史时期，儒商群体在自然经济条件下已经发展壮大，传统的儒商文化也就随之逐步成型，形成了一种初步定型的经济伦理模式，成为中国传统商业文化的主流和代表。传统的儒商文化在中古成型，主要有三大表现：形成了一些商帮；留存了一些著作；形成了一定的传统和习俗。

1. 形成了以儒学指导经商实践的商帮

文化的主体是人，具有儒商特征的古代商帮的形成，是儒商文化成型的根本标志。秦以后的汉代，统治者实行了阳儒阴法的统治术，"抑商""贬商""重农轻商"的意识占主流，直至宋明时期，商人的社会地位一直不高。在这长达两千多年的历史时期中，中国的私商大致以零星、分散的方式发展。虽然也存在有繁荣的城市或城镇经济，有延续千年的"丝绸之路"，但限于史料，我们还一时难以弄清这漫长的历史发展过程中儒商思想的面目。然而，到了宋明时期，特别是明代以后，随着自然经济的快速发展和资本主义商品经济萌芽（有的论著说应称为"商业资本主义萌芽"）的出现，中国大地上出现了以地域文化为特征的"商帮"，而在商帮中，具有大量的丰富的儒商思想。因此，我们以商帮作为儒商成长阶段的代表，传统的儒商文化在商帮中得以成型。

史料记载，中国在明清时期形成了十大商帮，他们是：徽商、晋商、陕西商、洞庭商、宁绍商、龙游商、江右商、泉漳商、临清商、粤商。商帮是以地域文化为表征的商人群体，而这些地域文化，有着深厚的中国传统文化的底蕴。这些商帮大多有儒商特征，其中最为突出的有徽商、晋商、江右商、临清商等。历史上有影响的儒商，主要是指徽商和晋商两大商帮。江右商、临清商等其他商帮也有一定的儒商特色。

（1）**徽商** 所谓徽商，就是由徽州府辖歙（shè）县、休宁、婺源、祁门、黟（yī）县、绩溪六县的徽州府籍商人组成的商帮集团。这是在中国经济史上极具影响力的商帮。著名的徽商人物有程维宗、黄崇敬、汪福光、黄莹、汪通宝、程封、黄崇德、阮弼、汪拱全、胡开文、江氏父子和鲍氏父子等。

徽州是朱熹的故乡，徽州地域文化中有深厚的儒家传统，从而使徽商具有显著的儒商特征，因而它也是儒商成长期最具代表性的商帮。这里的人若没有取得功名则经商，也有的弃儒经商，"民鲜力田，而多货殖"，经商已是社会风尚，从而使徽商具有与其他商帮相比文化素质较高的优势。徽州有勤俭的传统，徽商大多数家底薄，许多是变卖家产来筹集资本，靠白手起家，逐步地发家致富。最为重要的是，许多徽商有以仁义经商的美誉，重然诺、守信用。如明代弘治、嘉靖年间的休宁商人程锁，当粮食市场价格低贱时略高于市价收购，在粮食价格贵时又比市价略低抛售粮食，所以在获利的同时，还赢得了仁义的赞誉，很快地挤垮了竞争对手，富裕了起来。徽州的宗族制度十分牢固，从而使徽商有强烈的家乡观念，具有群体的团结性，这使徽商的行业结构带有鲜明的地域特点，其中歙县多盐商，婺源多茶商、木商，休宁多典当商。徽商还热衷于捐资办学、修桥补路等社会公益事业。这些基本上是中国古代儒商的典型特征。

（2）**晋商** 与徽商一样，山西晋商也是重道德，重信誉，极具影响力的。晋商心地朴实，有十分浓厚的乡土观念，按照同乡关系结成了平阳帮、泽潞帮、蒲州帮等。著名的晋商人物有李明性、范世逵、杨继美、王海峰等。与徽商有所差别的是，晋商更为节俭，热衷投资扩张，这也正是晋商成为中国最富有的商帮的原因，可见，晋商也是带有鲜明儒商特色的商帮。曾在中央电视台热播的45集电视剧《乔家大院》，其主人翁乔致庸（1818年—1907年）就是个真实的晋商人物，他虽为巨富，却待人随和，处世中庸，善于计谋，以《朱子治家格言》告诫儿孙，大旱之年开仓赈济百姓，极具儒商色彩。山西现存许多晋商大院，乔家大院是保存得最为完好的。在山西，至今人们仍能听到关于乔家行善施德的故事。《乔家大院》虽然讲述的是晋商从清代到近代的发展史，却能够让观众潜移默化地了解和接受晋商成功的根本在于儒商的"励精图治"和"诚信"精神，弘扬了晋商厚重的儒商文化理念。

乔家大院（局部）

（3）**江右商** 宋明时期，江西经济发达，是宋明理学的重镇，造就了江右商帮。江右商帮重贾道，踏实质朴，商业信誉极佳。如临川商人张世远、张世达兄弟交替去汉口贩卖纸张。有一次，世达经手一批货款，发现货主多给了100两银子，兄弟俩认为这是非分之财，理应归还原主。下一趟本该世远去汉口，但为了处理还款之事，仍由世达去。张世达亲手将多余的银两交还给货主钟良佐。兄弟俩的行为得到了商人们的广泛传扬。江右商人重义气，如余干商人胡钟开典当行，有人借贷无法偿还，被迫将房契抵债，举家迁往他乡。胡钟于心不忍，连忙派人将借贷人追回，将房契归还原主，并将借据烧掉。临川商人李春华在贵州经商几十年，在告老还乡时，召集当地负债人，将万余两银子的债券全部烧掉。高安商人梁懋（mào）竹与其他两个朋友带着本金出外办货，在洞庭湖遭人持刀抢劫，梁懋竹把自己的钱全部交了出来，当盗匪威逼另两人时，梁懋竹便说，他俩是自己的弟弟，盗匪这才离去。梁懋竹虽然牺牲了自己的本金，却使两位朋友所带的本金无损。

（4）**临清商**　临清在山东，位于"南北之咽喉"的交通要道，是明清时期的商家必争之地。由于山东是孔孟故里，山东人的特点是质朴单纯，豪爽诚实，这就说明山东商帮也具有儒商的特征。山东商人讲道义，守信用，在商界有口皆碑。如莱阳商人左文升外出经商，周继先交给左文升 200 缗钱，托他转贩货物，说好按当时的市价付 2 分利息。后来由于市价发生变化，左文升赚了一倍。回来后，左文升将 200 缗本金所赚的钱全部交给周继先，周继先因先说定是 2 分利息，多赚的钱坚决拒辞不受，而左文升却说这是用周继先的 200 缗钱获得的利润，应当归周继先所有。两人推来推去，最后周继先拗不过左文升，才将钱收下。

著名学者余英时分析了商帮形成的原因，如人多地少，科举受挫以及业儒难以糊口等，这些也正是儒商文化形成的文化生态条件。

2．形成了反映儒家伦理的儒商著作

儒商主体的文化自觉，是儒商文化成型的重要依据。文化自觉往往通过精神文化产品特别是著述来体现。儒商有自己的著作，如明代李晋德著有《商贾一览醒迷》，明代澹漪子著有《士商要览》，清代王秉元著有《生意世事初阶》，清代吴中孚著有《商贾便览》，还有托名范蠡的《陶朱公生意经十八法》等。这些著作都是用儒家的思想来指导经商实践，在实践中总结出一套"商道"，形成了一些行规、店训，要伙计们和子孙们谨记和实行。在一些家谱、家训、地方志中，也有许多商帮人物留下的原始资料，这些都是儒商文化的丰富宝藏。

例如，后人将商祖范蠡的经营理念作为神圣的箴言，把他经商致富的典型事迹当作美好向往，托范蠡之名而作《陶朱公生意经十八法》，阐述了儒商在经商做生意时应当遵循的各种要领规矩，简明扼要，通俗易懂，朗朗上口，适于背诵。其内容如下：

（1）生意要勤快，切勿懒惰，懒惰则百事废；

（2）价格要订明，切勿含糊，含糊则争执多；

（3）用度要节俭，切勿奢华，奢华则钱财竭；

（4）赊欠要识人，切勿滥出，滥出则血本亏；

（5）货物要面验，切勿滥入，滥入则质价减；

（6）出入要谨慎，切勿潦草，潦草则错误多；

（7）用人要方正，切勿歪邪，歪邪则托付难；

（8）优劣要细分，切勿混淆，混淆则耗用大；

（9）货物要修整，切勿散漫，散漫则查点难；

（10）期限要约定，切勿马虎，马虎则信用失；

（11）买卖要随时，切勿拖延，拖延则良机失；

（12）钱财要明慎，切勿糊涂，糊涂则弊窦生；

（13）临事要尽责，切勿妄动，妄动则受害大；

（14）账目要稽查，切勿懈怠，懈怠则资本滞；

（15）接纳要谦和，切勿暴躁，暴躁则交易少；

（16）主心要安静，切勿妄动，妄动则误事多；

（17）工作要细心，切勿粗糙，粗糙则劣品出；

（18）说话要规矩，切勿浮躁，浮躁则失事多。

3．形成了崇尚儒商的商业传统和习俗

传统和习俗是文化的社会化存在的一般形式，明清时期形成了崇尚儒商的民间商业传统习俗。

（1）神　在古代商人那里，儒商范蠡不仅是他们心中崇拜的偶像，甚至把其当成了商业神、财神。人们把经商、做生意称作"陶朱事业"，把世代经商为业或买卖公道称为"陶朱遗风"。古代过年有贴年画的习俗，张贴财神年画就是把财神请到了家，一年的生意肯定红火，赚得盆满钵溢。清代三大版画产地之一的天津杨柳青年画中有"文财神陶朱公"，苏州年画有"陶朱公种竹养鱼致富千倍利"。人们把商代之比干、春秋之范蠡、三国之关羽并称为"三大财神"，因为比干忠诚、范蠡智慧、关羽仁义，这三项乃是经商致富的诀窍所在。尤其是关公最讲"义"和"信"，商家就把关公当作财神供奉，至今在许多私营企业、商店、酒店里都有供奉关公的神龛。这些商业崇拜许多是受儒家思想熏陶的社会经济心态的反映。

（2）店名　中国古代商家在起店名时，往往是以儒家道

德规范为招牌词语，体现儒商的价值和信条。在中国的老字号中，用得最多的是同仁、仁祥、广义昌、德义斋、义兴、义善源、全聚德、礼让斋、公信、立信、谦泰以及陈李济、和记、惠记等，获得广泛的社会认同，传至今日仍魅力无穷，是那些热衷于起洋名、起怪名的商家无法比拟的。

（3）**楹（yíng）联**　古代店铺往往要贴挂楹联，如衣料店楹联：衣德人自暖，被世岁无寒。洗染店楹联：嫩绿娇黄，可随人意；轻黄淡白，能称客心。药店楹联：常体天地好生德，独存圣贤济世心；但愿世间人无恙，哪怕架上药生尘。商号通用联：厚生资利用，和众兆丰财；交以道接以礼，近者悦远者来；经之营之，财恒足矣。悠也久也，利莫大焉；和气迎人，生涯富足。通商互市，信用交孚。与起店名一样，这些商业楹联也充满着儒商文化。

（4）**俗语**　从"恭喜发财"，"四季发财"，"招财进宝"，"钱财滚滚而来"到"和气生财"，"和招天下客，信纳万家财"，还有"买卖不成仁义在"，"三分生意，七分仁义"，"一文价钱一文货"，"不怕不识货，单怕货比货"，"薄利多销"，"十贪九走眼"，"秤平斗满，尺子绷展"，"买卖公平，童叟无欺"，"做生意三件宝：伙计、门面、信誉好"，以及"创业难，守业更难"，"亲兄弟明算账"，"人靠衣装，货靠包装"等，这些都是儒商文化所提倡的商业信条，它们不仅为商家所熟知，而且形成了谚语，成了老百姓的口头禅。

三、近代：儒商文化的发展

在近代，儒商已经成熟，儒商文化也得到了大发展。近代的儒商和儒商文化具有鲜明的"近代"特色，是儒商在近代商品经济条件下的成熟阶段，也是儒商文化的发展阶段。鸦片战争以后，西方列强以其坚船利炮打开了中国的大门，使中国沦为半殖民地半封建社会。为了抵制帝国主义的侵略和欺诈，先进的中国人提出了学习西方的科学技术，发展工商业，从而产生了中国近代民族资本家群体。其主要人物有郑观应、陈启沅、刘鸿生、王炽、穆藕初、张元济、张之洞、张謇、范旭东、卢作孚等。这个群体就是近代儒商的典型代表，也是这一时期儒商文化的创造者。近代儒商和儒商文化具有三大特点：

1. 致力于兴办民族实业

近代儒商具有强烈的爱国主义情怀，爱国主义是近代儒商文化的最强音，这使得儒商"以德经商"之"德"有了时代的内涵。

（1）从认识上，**近代儒商以经商办企业为强国之路**　中古时期，中国虽然产生了商帮，但商人的地位仍然很低。到了明代，农本商末的思想开始出现松动，特别是随着明末资本主义萌芽的出现，儒家思想家提出了农商皆本的思想。近代帝国主义洋枪洋炮轰醒了传统中国人的田园梦，使中国的先进人士认识到，中国若要富国强兵，必须像西方那样重视工商业。清人王韬提出"商为国本，商富即国富"；郑观应更明确地提出"习兵战，不如习商战"；何启、胡礼垣提出"振兴中国，首在商民"；
康有为甚至提出了"以商立国"的口号。可见，在近代出现的
重商主义思潮，具有爱国主义的性质。

（2）**从实践上，近代儒商是第一批民族工商企业家**　洋
务运动的失败，说明中国不能依赖向外国购买枪炮船舰，也不能只
兴办自己的军工业，而应当全面地发展自己的民族工商业。近代儒
商就是最早的民族工商业者。郑观应弃儒从商，经营航运、煤矿、
冶铁等实业，被誉为近代民族工商业的先驱。陈启沅是民族缫丝工
业的创始人。张謇办纱厂，有"状元实业家"的美誉。刘鸿生开办织
布厂、火柴厂、水泥厂等，成为中国近代著名的"煤炭大王""火柴
大王"和"企业大王"。卢作孚是"航运大王"，被毛泽东同志誉为
旧中国实业界"四个不能忘记"的人物之一。荣宗敬、荣德生兄弟
创办"荣氏家族"企业，其"申新二厂"是中国历史上民族工业资
本兼并日本资本的唯一事例，被赞誉为"在棉纺织史上放一异彩"。
范旭东则是民族制碱工业的创始人。近代儒商致力于兴办民族企业，
在与外资的竞争中艰难生存，大都发起或参与了"抵制洋货"运动。
爱国主义、"实业救国"，就是这一代儒商群体的共同心声和奋斗目标。

卢作孚的航运船

2．传承和发展儒家文化

由于中国近代民族工商业属于后起、弱小的工商业，尤其是中国已沦为半殖民地半封建社会，关税、航运、铁路等的自主权基本丧失，经济命脉被帝国主义列强控制，中国的民族工商业与西方国家的企业竞争，势必处于劣势。因此，为了达到以弱胜强的目的，中国近代民族实业家更为突显了儒商重道德、重和谐的人际关系的特点，以儒经商是他们的共性特征。

（1）**用儒家理念构筑企业精神**　张謇兴办大生纱厂，就是取《易经》中"天地之大德曰生"之语为名。卢作孚创办的民生实业公司，提出"服务社会，便利人群，开发产业，富强国家"的企业宗旨，倡导儒家的"民生"精神。在近代中国商业史上做出杰出贡献的香山人（今广东中山）开办了先施公司、永安公司、大新公司等，取名均受儒家思想的影响。如马应彪1900年创立的先施百货公司，就是借鉴《中庸》的"先施以诚"为企业命名，体现出诚信经商的儒商企业精神。

（2）**用儒家思想进行企业管理**　首先，张謇提出中国的民族工业应以儒家"人和"的优势与外国竞争，他说："天时地宜之难必，而必以人事补救之。"其次，在选择行业突破口方面，也受儒家思想影响。中国机械缫丝的第一人陈启沅生长在一个"半农半儒"的家庭，他将法国人先进的缫丝技术带回家乡广东南海简村办厂，其实就是儒家农本思想影响的结果。卢作孚的经营指导思想是"民生"精神，他办企业遵循的是"有关国计民生又有发展前途的事业"的指导思想。他提出建设"新道德"，

强调敬业，认为这样才能维系现代企业的内外关系。张元济创
办商务印书馆，主张多出高尚的书籍，出书的目的是培养人才，
反对只做一味牟利的出版商。

（3）**用儒家道德规范生活行为**　近代儒商大都具有俭朴
的习惯。例如，卢作孚的生活俭朴，平易近人，廉洁自律。他虽
创办民生公司，却没有一份股权，只领取总经理薪津以维持全
家人的生活，去世后也未给子女留下任何财物，被人们称赞为
"一个没有现代个人享受要求的现代企业家，一个'没有钱'
的大亨"。虽然儒商们生活简朴，但却乐于捐助教育，扶贫济
弱。张謇兴办了全国第一所师范学校——通州师范学校，还兴
办了许多职业学校，建了图书馆、博物馆、剧场等。穆藕初用
办厂取得的利润开办了位育小学、中华职业学校等，并在北京
大学设立选拔人才出国留学的"藕初奖学金"。陈启沅对社会
公益事业也十分热心，出资办学，给穷人发米放粮，赠医施药。
又如广东佛山"保济丸"的创始人李兆基是近代医药工商业者，
其产品质量有口皆碑，被誉为"北有六神丸，南有保济丸"。他
发家致富后扶贫济困，捐建义庄公坟，并办"信文训蒙义学"，
免费让穷苦孩子入学。这些都是具有儒商特征的义举。

3．学习和运用科学管理

中国近代儒商最早重视吸纳和运用西方企业科学管理的
方式是工商实践，其将西方的管理方式与中国儒家传统的管
理方式相结合，使近代儒商在主体精神和素质中添加了近代

科技和管理的内容。穆藕初创办了德大、厚生纱厂，是中国近代棉纺织业的代表人物，他翻译了西方管理学泰斗泰罗的《科学管理原理》，由中华书局1916年出版发行。他批评我国实业不振的原因之一是"无管理方术"，提出"管理法即治人之法也"的人本主义管理原则，用工程师制代替中国企业传统的工头制，并建立科学的财务管理和其他企业管理的规章制度。他经营的纱厂名列上海各纱厂之冠，赢得了"棉纱大王"的称号。化工实业家范旭东把管理看得比纯技术更为重要，著有《工商管理》一书，并在经营管理中，建立了一整套关于组织、人事、物质和财务的管理制度。张謇在大生纱厂推行成本计算制的成本管理。刘鸿生说："生财有道，必须在经营管理上下功夫。"在具体管理方法上，许多民族实业家引进西方企业管理新制度，改革中国传统的旧的管理方法。例如，荣氏兄弟与穆藕初一样，在企业中以工程师制取代中国企业传统的工头制。卢作孚则以"四统制"取代"买办制"。对于儒商传统的家族制经营方式，近代儒商也做了一些改造性的探索，如反对仅以亲族、朋友关系用人，主张唯才是举和严格厂规、厂纪以及其他管理制度等。

与中国以前的"商帮"相比，中国近代工商实业家发展了中国传统的儒商经济文化，从而更具儒商的特色，并在"实业救国"的旗帜下加入了救亡图存的爱国主义和近代工商管理的科学主义的内容，使之有别于古代传统的儒商而体现出近代化的时代性。

四、现代：儒商文化的创新

当历史的车轮进入了现代，儒商进入了转型期，即由传统儒商向现代新型儒商的转型。随着儒商群体的转型，儒商文化也必然由旧的形态转变为新的形态，实现儒商文化的创新。从儒商史的角度，这一时期的文化标识是儒商价值的再发现。而无论从儒商文化的角度，还是从儒商实践的角度，儒商群体的转型和儒商文化的创新，都是市场经济条件下人类经济理性的选择，也是中华民族实现伟大复兴的历史必然。儒商的转型期尚未结束，儒商文化的创新亦不可能停息。

1. 儒教文化圈的儒商文化

现代儒商的代表人物是海外受儒家思想影响的企业家特别是华人企业家，以及国内的许多有志于成为儒商的企业家。尤其是日本和"亚洲四小龙"经济的崛起，世界上华人富翁群体的形成，人们将他们成功的秘诀归于中国传统文化，将他们称为"儒商"，"儒商"这一概念也就应运而生。

（1）**儒教文化圈** 在国外，儒家思想曾经被当作不利于现代经济发展的因素，其代表性的人物是马克斯·韦伯，他在1904—1906 年间发表其社会学著作《新教伦理与资本主义精神》，论证了新教伦理对资本主义的促进作用，同时提出了儒教、印度教等东方宗教伦理不产生资本主义的反证论题。他认为，儒教等东方宗教体现的是一种自然经济的传统主义经济伦理，从而阻碍了资本主义在东方的兴起和发展。1915 年,韦伯又推出一部新作《儒教与道教》,书中进一步系统地分析了中国为什么没有出现西方那样的资本主义的原因。根据他的分析,中国之所以不能发展出资本主义,必须从物质或社会结构之外的一些非经济因素中去寻找,即应该从中国传统文化特别是儒家伦理本身中去求取答案。概括韦伯的说法,孔子所创立的儒家伦理不仅与发展商品经济无缘,而且简直是阻碍和压抑资本主义商品经济发生和发展的罪恶渊数。韦伯"儒家文化无法开创现代工业化格局"的结论成为延续至今的一桩国际公案。这种典型的"文化决定论"和否定儒家思想价值的观点,在 20 世纪的前期和中期,占据了主导地位。

　　然而,20 世纪 60 年代以来,被世人瞩目的东亚"新月地带",即包括日本和被称为"亚洲四小龙"的韩国、新加坡两国和中国香港地区、中国台湾地区经济的飞速发展以及世界华人经济的兴旺发达,又引发了人们对儒家经济伦理文化的再评价。对韦伯关于儒家经济伦理阻碍资本主义经济发展的论点和假设,自然也提出了严峻的挑战和诘难。当代新儒家更以东亚奇迹来批评韦伯的命题,美国华裔学者杜维明教授通过实地考察和深入分析,在《新加坡的挑战》(新加坡联邦出版社 1984 年英文版,三联书店 1989 年中译版) 一书中否定了马克斯·韦伯的观点,肯定了儒家伦理道德对儒教国家和地区资本主义经济的作用,进而提出了"儒教资本主义"的概念。韩国釜山大学教授金日坤的《儒教文化圈的伦理秩序与经济》(日本名古屋大学出版社 1984 年出版)和《东亚的经济发展与儒教文化》(日本大修馆书店 1992 年出版）等，则从整个东亚各国和地区的大范围论证"儒教文化圈"的存在和"儒家伦理模式"的作用。这些论著的目的在于说明，"儒家伦理模式"对"儒教文化圈"的"儒家资本主义"社会和经济的现代化起着促进作用，把儒家与现代化之间划出不可逾越的鸿沟的观点是站不住脚的。国际社会终于接受了这样的观念：日本和"亚洲四小龙"国家和地区的共同特征就是都属于深受儒家思想影响的东亚国家和地区，可以称它们为"东亚儒家资本主义"，称"儒家伦理模式"为"亚洲模式"。其基本特点是"以'企业（或家族）命运共同体'为基本经营细胞，以群体主义为经营思想，以和谐为基本原则"。"儒家伦理模式"对日本和"亚洲四小龙"国家和地区的经济崛起具有思想道德方面的引导作用。

（2）**日本的儒商**　日本是儒教文化圈中取得经济成功的典型代表，美国著名的文化人类学家本尼迪克特的名著《菊与刀：日本文化的诸模式》，从日本文化传统的特色和民族精神去探讨军事强大表象之深层原因。日本在漫长的文化发展中，积累而成独特的精神文化，"好学不倦、教育立国"的儒家社会传统，勤俭之道和以"性本善"为出发点的人情化管理，和谐的人际关系和社会的平衡稳定，这些意识、观念、情感等因素，在日本人的精神结构中占主导地位，是体现日本民族发展方向和活力的文化精髓，也是儒家资本主义的主导精神。不理解这些日本的民族精神，就无法理解日本的现代化。正因为如此，美国学者才会称日本为"儒家资本主义"，有的甚至说"几乎一亿日本人都是孔孟之徒"。

在这样的文化环境下，日本产生了崇奉儒家思想的最早的儒商。日本第一劝业银行奠基人涩泽荣一主张"《论语》加算盘"，即儒家伦理和经济的结合。他认为："说到汉土的文化、学术、书籍很多，但记载孔子的《论语》则是中心。""我觉得，遵循《论语》的箴言进行商业活动，能够生财致富。"他极其虔诚地说道："我一生都遵信孔子之教，把《论语》作为处事的金科玉律，不离左右。"他在回顾自己的创业生涯时指出："我的经营中虽饱含辛苦和惨淡，但常遵孔子之教，据《论语》之旨，故使经营获得了成功。"涩泽荣一的许多思想都是从儒家来的，他可以说是日本最著名的儒商。已故日本著名企业家松下幸之助也有"靠一部《论语》起家"的说法。日立企业集团创始人小平浪平以"和""诚""言行一致"为指导方针。日立化成工业公司总经理横山亮次更加明确地指出："日本企业的终身就业制度和按工龄、成绩提级增薪的思想，来源于儒学的'礼'。"东京电力公司原董事长平岩外四则特别推崇"放于利而行，多怨"，说："如果企业只是追求利润，总有一天会遭到民众的报复。"日本儒商是日本经济和社会的中坚力量。

（3）"亚洲四小龙"的儒商 20世纪七八十年代，新加坡、韩国两国和中国香港地区、中国台湾地区经济继日本之后迅速崛起。"亚洲四小龙"固然引进了大量的西方文化，但他们在经济增长的同时，出现的高积累率、高储蓄率、高就业率以及家族式企业、集体竞争意识、国家干预意识、均贫富意识等，无不反映出东方文化所特有的内涵，折射出传统儒家学说固有的底蕴。

儒家思想对新加坡和韩国经济起飞的作用，杜维明、金日坤教授都有系统的研究。而台湾和香港作为中国的一部分，他们的文化中具有儒家传统，产生了大量现代儒商。新加坡实现工业化、现代化的成功经验也被概括成一个公式："新加坡工业化、现代化＝西方的先进技术和工艺＋日本的效率和高度的组织纪律性＋东方的价值观念和人生哲学"。再如，韩国儒商、三星集团创始人李秉哲就宣称自己终身拜读《论语》。中国港澳台地区和东南亚等地的许多华人富翁也以"儒商"自诩，"儒商"成为商人、企业家高尚人格和体面身份的象征。尤其是港澳台地区的儒商在改革开放后对中国内地（大陆）形成直接影响，才有了"儒商"的风靡一时。一些论者列举了一大批现代儒商，如创造"男人世界奇迹"的曾宪梓、外圆内方的诗人儒商马万祺、热心文教事业的邵逸夫、爱国爱乡的工商巨子霍英东、以弘扬孔孟之道为己任的汤恩佳、华裔女杰陈香梅、商海文坛"两不凡"的周颖南、对公益事业不遗余力的胡玉麟、以商助教的云里风、有商界柏拉图之称的池莲子等。以担任香港儒商学会会长的汤恩佳博士为例，他被誉为香港的"染料大王"，又担任世界儒商联合会会长、国际儒学联合会副理事长、香港儒商学会会长和香港孔教学院院长，其在全世界的慈善捐献钱物已超一亿港元。特别是在宣传儒家思想方面不遗余力，捐赠孔子铜像二百多尊，资助孔子研究，到各国演讲，弘扬儒学，被评为首届"十大国际儒商"之一。

2．现代儒商文化的改革与创新

改革开放后，随着市场经济的发展，我国的儒商群体逐渐形成，儒商进入了其发展史上的第四个时期即转型期，由传统儒商转型为现代新型儒商。与此相应，儒商文化也进入转型期，其内涵是儒商文化的改革和创新。儒商文化只有经历改革和创新，才能形成适应社会主义市场经济的文化形态，并在中华民族文化复兴的大潮中引领潮流，奔涌向前。

（1）**国内儒商群体的崛起**　2008 年 5 月，第六届国际儒商大会在扬州开幕，首次设立"十大国际儒商"评选揭晓，中国澳门马万祺、菲律宾陈永栽、美国陈香梅、中国香港汤恩佳、新加坡李成义、中国台湾王乃昌、印度尼西亚唐裕、马来西亚戴小华、泰国颜开臣、上海余季方十人获"十大国际儒商"称号。在这之前，国内举办过多次全国性的、某省或某行业的儒商评选，许多企业家都热心参与，以成为儒商为荣。有意义的是，"十大国际儒商"的评选中国内地（大陆）已有企业家跻身榜内，而要取得这一殊荣着实不易，说明经过数十年的发展，国内的儒商群体已经走上儒商群体的前台。

儒商在国内由无人知晓到为大众所尊崇，走过了曲折的道路。中国传统的商业伦理道德和企业文化，曾影响了中华人民共和国成立以后国内商业系统涌现的劳动模范，他们或多或少地具有儒商的品格。改革开放后，随着中国传统文化热的兴起，儒家文化的价值得到重新确认。20 世纪 80 年代中期以来，知识分子的"下海"促使了大量新型儒商式企业家的出现。以北京西郊"中关村"为代表，联想、方正、紫光、京海、华讯等高科技企业的崛起，许多企业家既有科技文化知识，又接受过中国传统文化的影响，有以德经商的理念和以智经商的技巧，当改革开放后从日本、中国港澳台地区等传入"儒商"概念，使人们找到了对这些新型企业家的比较恰当的称谓，而企业家们有的默认，有的公开打出"儒商"的旗号，一个中国儒商群体就这样产生出来了。

我国的儒商群体，既有国营大型企业负责人，也有私营企业主，许多是知名企业家。尊崇儒商文化的企业家群体已经形成，正逐步地成为现代新型儒商的主要力量。例如，在新一代企业家中，海尔集团总裁张瑞敏就顺应世界发达国家的企业目标由"长远利润的最大化"向"顾客和企业员工满意度的最大化"转变的趋势，对儒商"内义外利"本质深刻理解和阐发，其成功经验就是"以人为本"。这种极具儒家特色的管理文化已经成为企业家的共识。可以说，中国内地的企业家中，对"儒商"的追求已经初见端倪，他们将汇入儒商潮流，成为中国儒商发展史上第四个阶段，奏响儒商蓬勃兴旺的新乐章。"儒商"已成为企业家塑造形象的范式。我们相信，随着儒商文化的蔚然成风，一大批既具有现代生产力和现代经济活动的有关知识、智慧、眼光和文化素养，又具备与现代市场经济相适应的伦理道德品格和风范的新型儒商，将会茁壮成长，成为国内外中华民族企业家的主体，儒商文化也将成为中华民族企业文化的代表和世界企业文化的主流。

(2) **我国儒商文化的转型** 随着我国儒商群体的形成和

发展，儒商文化也逐步地发展起来。在改革开放和建设中国特色社会主义市场经济的大背景下，儒商文化已经不能延续传统文化的旧观念和旧模式，而是寻求转型，即实现改革与创新。

① **牟其中现象** 谈起我国的儒商文化，就不能不提起牟其中。在 20 世纪 80 年代末 90 年代初期，牟其中的经商"神话"及其对"儒商热"的推动，已经成为文化现象，在历史上留下痕迹。牟其中作为第一批下海经商的民营企业家，用副食品到俄国换飞机，挣下了他的"第一桶金"，创办了"南德集团"。1990 年 6 月 28 日，在南德集团的企业报《南德视界》的创刊号上，牟其中亲撰发刊辞《造就一代儒商》，这篇文章可称得上是我国儒商文化热兴起的"宣言"。随着各路媒体的采访报道，以及南德研究院 1993 年 4 月出版《造就一代儒商——南德经济集团关于社会主义市场经济的探索》一书，牟其中俨然成了中国"一代儒商"的佼佼者，不仅两次登上"世界经济论坛"，多所大学还争相礼聘其担任客座教授。尔后，他干脆创办了"南德学院"，并把这个学院宣传成"儒商学院"，称其为培养儒商的MBA 甚至"黄埔军校"。他还先后提出"一度"理论、"平稳分蘖"理论、"智慧文化"理论等一系列颇有"空手套白狼"意味的"理论"观点。他给外人的印象是生活俭朴、孝敬母亲、爱好文化，颇有传统儒商遗风。然而，20 世纪 90 年代末，牟其中却因信用证诈骗罪锒铛入狱，经商"神话"被戳穿，他的一系列理论也被事实证明要么是虚妄的臆想，要么属违法的骗术，他的所谓儒商事业也就成了"乌托邦"。尽管如此，就儒商文化来说，牟其中对于"儒商"的追捧，成为"儒商热"的一部分，客观上起

到了推进儒商事业的作用。而他由"首富"到"首骗"的悲剧，也使人们认清了什么是真儒商，什么是假儒商。

② **群众性儒商组织**　真正对儒商文化起到重大推动作用的功臣，要数暨南大学的潘亚暾教授。他在 20 世纪 80 年代研究海外华人文学时，发现了一批亦文亦商的作家，文学成就斐然，并结合国内出现的文人下海经商的现象，提出了"儒商文学"的概念，并于 1994 年 7 月 25 至 7 月 28 日，在海南省海口市主办了首届儒商商贸洽谈会暨儒商文学国际研讨会。在会上，潘教授与一批志同道合者一起，成立了国际儒商学会及研究基金会，总部设在香港。章程（草案）规定其宗旨是："以全世界范围内的儒商为对象，对国际华人儒商进行研究、宣传、表彰，提高儒商的知名度；加强儒商之间的沟通、联谊、商务合作与往来。"国际儒商学会先后在马来西亚吉隆坡、上海、济宁、扬州等地举办了多届"国际儒商大会"，奏响了儒商文化的最强音。此外，还有一些儒商组织也具有较大的影响力，如曲阜国际儒商联合会等。新加坡、马来西亚、菲律宾、印度尼西亚等国也成立了儒商学会或研究会。山东、陕西、江苏、广东等地还成立了一些地方性的儒商研究会、儒商学会等。

③ **儒商研究著作**　潘亚暾先生对儒商文化的贡献，不仅在于参与组建了国际儒商学会，更重要的在于出版了第一本《儒商学》著作，该书与《儒商列传》一道被编入《儒商文丛》，1995 年、1996 年由暨南大学出版社出版，从而开创了"儒商学"新领域。此后，许多儒商研究著作陆续问世，其中主要的有贺雄飞主编的《儒商时代——中国人的第五次发财机遇》（远方

出版社 1996 年出版）、唐凯麟《契合与升华：传统儒商精神和现代中国市场理性的建构》（湖南人民出版社 1998 年出版）、国际儒学联合会组织编写的《儒商读本》（云南人民出版社 1999 年出版）、戴斗勇《儒商精神》（经济日报出版社 2001 年出版）、张德胜《儒商与现代社会：义利关系的社会学之辨》（南京大学出版社 2002 年出版）、张启元《儒商精神与企业管理》（青海人民出版社 2006 年出版）、陈书录《儒商及文化与文学》（中华书局 2007 年出版）、曹军《儒商修养：儒家组织行为实践的当代原则》（东方出版社 2008 年出版）等。还有许多研究儒商的论文和论文集，如陈启智主编的《儒商与二十一世纪》（齐鲁书社 2004 年出版）等。大量介绍儒商企业家事迹的文章在报刊发表，以儒商文化为内容的网站、报纸、杂志也相继问世，仅各地的儒商网站就有数百家之多，"儒商文化"已逐渐被学界和社会认可。

④ **其他儒商文化活动** 一些有关儒商的研讨会、报告会、培训班和评选活动等，开展得如火如荼，但良莠不齐、目的各异，呈现出鱼龙混杂的混乱局面。有的报告会每人每天收费过万，有的培训班打着国家某部委的头衔，有的冠以某重点大学的名号，从易学大师到算命先生，各色所谓学者名流一应俱全。更有甚者，一些企业自行组织所谓"儒商"评选，其中"中国十大儒商"报名宣传费明码标价为 3 万元，"××（某省）十大儒商"报名宣传费 1 万元，这样的儒商文化似乎拜倒在"孔方兄"的脚下。当然，正规的儒商文化活动还是主流，如 2002 年 8 月由中国孔子基金会、国际儒商学会、中华炎黄文化研究会、经

济日报社等联合发起的首届中华儒商国际论坛，就是高水平的儒商文化活动。由这些正规的机构评选的全球"百佳中华儒商"及"百佳中华儒商企业"，就对弘扬儒商文化起到了极大的推进作用。中国现有大约几十个儒商学院和研究院，如北京大学儒商文化研究中心、浙江大学儒商与东亚文明研究中心、临沂大学儒商文化研究中心以及北京的华夏儒商管理研究院、武汉的红桃 K 儒商培训学院等，为培养儒商人才、宣扬儒商文化起到了积极的作用。

盘点改革开放后涌现的中国的儒商，他们备尝弘扬几千年传统文化的艰辛，抵御功名利禄的诱惑，沐浴着社会主义市场经济的雨露阳光，焕发着青春和活力。传统形态的儒商文化虽然在历史上曾经成就辉煌，但现代儒商文化，从目前的态势来看，它还存在着这样和那样的不足，亟须一番改造和更新。没有改革和创新，儒商文化就不能实现由传统到现代的转型，甚至会走向歧途。可喜的是，这种改革和创新已经初现端倪，它还在行进的过程之中。国有企业、许多民营企业，尤其是优秀的知名企业的企业家，自觉地践行儒商文化；一大批学者加入到儒商文化研究和宣传的行列中来。这些企业家和学者，是儒商文化实现改革创新的希望。

儒商的道德意识

当你走进徽商的故乡安徽歙县棠樾村，就会看见一排巍峨矗立在村口甬道上的牌坊，由西到东依次排列，有鲍灿坊、慈孝里坊、慈鲍文龄妻坊、乐善好施坊、鲍文渊妻坊、鲍逢昌坊、鲍象贤坊七座。这些牌坊建于明清时期，旌表徽商鲍氏家族"忠孝节义"的功绩，让每一个来到歙县棠樾村的人，无不受到儒商道德情操的感染。

"以德经商"是儒商的根本标识，因此，儒商具有自觉的道德意识。看一个企业家是否儒商，在"道德"的问题上可以"一票否决"。也就是说，无良商人绝不是儒商。过去人们常说的"无商不奸"或"无奸不商"，那指的是"奸商"。儒商是有道德的商人，并将道德运用在经商实践中，与那些"奸商"是不可同日而语的。

一、仁爱善良

仁爱善良是儒家文化的核心。儒商经济伦理精神以"仁"的人道主义为基础，最早的儒商之一白圭，就称经济为"仁术"。任何儒商都会按《礼记·大学》所说的"仁者以财发身，不仁者以身发财"，奉行"君子爱财，取之有道"，在经济实践中"以义生利""仁中取利""以义生财"，而以发不义之财为耻。儒商将做人与经商结合起来，以仁爱精神经商，是儒商的传统。明清时期儒商的著作《商贾一览醒迷》要求商人应"本心仁厚"。歙商胡山要求子孙按仁义天理经商做人。现代儒商陈嘉庚先生说："人最要紧的是有是非……分别是非，不但对国家如此，就是个人也是一样。无是非就不算是人。辨别是非是做人的基本条件。"而是否有仁爱善良之心，也是辨别真假儒商的基本条件。

1. 涩泽荣一的经济道德合一说

日本儒商涩泽荣一之所以被称为儒商，是因为他第一个提出了将西方的技术与东方儒家的道德结合。他在其名著《论语与算盘》中说："道德与经济本来是并行不悖的。然而由于人们常常倾向于见利忘义，所以古代圣贤极力纠正这一弊病，一面积极提倡道德，一面警告非法牟利的人们。"他还说："如果要问我获得这种财富最根本的是靠什么的话，那应是仁义道德。否则，所创造的财富，就不能保持长久。""因此，我又认为，缩小《论语》与算盘间的距离，是今天最要紧的任务。"他创造性地提出了"士魂商才"的新理念，把《论语》作为培养士魂的根基，这样商人、企业家才能做到"富而仁""利而义"。他不仅以儒商理念为指导于 1873 年辞官下海创办了日本第一国立银行和几十家企业，还于 1877 年组织了日本第一个近代经济行业团体，按照《论语》中的"择其善者而从之"一语，取名"择善会"。这些都极大地推进了日本的近代化和现代化，因而涩泽荣一不仅是日本最早和最著名的儒商，也被尊称为"日本近代企业之父"。

涩泽荣一仁爱善良的儒商理念也影响了其他许多日本儒商，如闻名世界的日本"拉链大王"吉田忠雄毕生信奉"善的循环"哲学，他说："不为别人利益着想，就不会有自己的繁荣。"他主张利润不可独吞，应将利润分成三份：一份让给消费者，一份留给供货商和经销商，一份留给自己。这种共存共赢、互相有利的方针，促进了企业内外利益关系的良性循环。

当然，在西方国家也有许多商人奉行与儒商一致的仁爱理念，如美国玛丽凯化妆品公司提出"P 和 L"哲学。在商业惯用语中，P 和 L 本是指"盈"（Profit）和"亏"（Loss）。但是，在玛丽凯化妆公司对 P 和 L 却另有独到的解释，它指的是"人"（People）和"爱"（Love）。这说明，儒商仁爱善良的理念应当有其普适的价值，无论东方还是西方的商人、企业家都是可以奉行的。

2．晋商常家"苏州大德川"的故事

提起晋商太谷常家的"苏州大德川"，人们就会想到一则流传甚广的儒商常家仁爱善良的故事。说的是清末一位苏州姓沈的老板，有一次预订下常家一批数量较大的皮麻，并约定货到后付款。前几次的货送后不久，沈老板就遭遇官司，不幸入狱。当时，常家大德川的财东不仅仍然向沈家送货，而且不催收货款。常家的伙计们对财东的做法很不理解，但常家财东说："沈老板是与我们交往多年的老朋友，我了解他是一位本分的生意人，所摊官司必有缘故，估计是遭人陷害。他正在遭难，急需用钱，我们发货给他，正好可以助他一臂之力。顾客既是利主，又是朋友，千万不可落井下石。救人于水火之中，方是君子所为。"后来，沈老板果然无罪出狱。虽冤案得以昭雪，家境却由此败落，沈老先生也因此案悲怨而亡。沈家后人苦心经营了两年，仍要抵押店铺才能还上常家的本息。常家本准备等沈家店铺赢利后再让其偿还，怎奈对方坚持要求抵店还债，常家只好收下，但聘沈家人为"苏州大德川"掌柜。儒商常家仁爱善良、救人于危难之中的故事，从此被人们广为传扬。

3. 《闯关东》中的仁爱商人

电视剧《闯关东》表现了孔孟之乡山东商人仁爱善良的文化品质。《闯关东》有着浓郁的儒家文化色彩，宣扬的是"仁者无敌""化干戈为玉帛"的理念。在《闯关东》中，男主角、山东菜馆老掌柜朱开山为人义气，处事十分仗义而稳妥，待人宽容而不失原则，多次忍让屡屡挑衅的韩老海和潘五爷。例如，对潘五爷的做法一忍再忍，朱潘两家矛盾日益激化，为了缓和矛盾，朱开山在潘五爷大儿子去世后，把自己的儿子"送给"潘五爷，最终山东与热河两派合为一家。潘五爷这才认识到窝里斗害人害己，只有同心同德才能百代兴旺。朱开山的宽容和仁义，不仅表现在使商场的仇敌变成朋友，而且还特别表现在关爱日本人龟田一郎上，这种超越了血缘和民族界限的"大爱"，是符合儒商仁爱善良的本性的。在开办山河煤矿后，他对外国侵略者的欺侮表现出极其强硬的态度，体现了儒商所秉承的中华民族的爱国主义传统。在剧中，女主角文他娘是一个地地道道的中国母亲，她朴实、慈祥、善良、亲切，用一颗慈母的心来包容一切，包括传武的叛逆、秀儿的痴情和鲜儿的可怜。甚至对于一郎的背叛，最后也是用母爱来感化。这部电视剧，实在是仁爱善良的儒商精神的艺术写照。

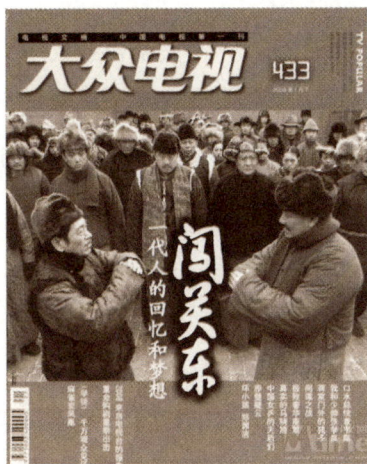

《大众电视》杂志以电视剧
《闯关东》剧照为封面

4．周颖南仁慈劝绑匪

对伤害自己的人还保持仁爱善良，那的确是件难事。但新加坡华人儒商周颖南却做到了。1972年3月，新加坡华人企业家周颖南被一伙持枪匪徒绑架。身处危险境地，面对随时会给自己造成生命危险的绑匪，周颖南仍然以长辈、朋友的身份规劝他们改恶从善。在沦为人质的九昼夜中，他向绑匪讲述了自己苦难的童年和艰苦创业的经历，并苦口婆心地劝导绑匪弃恶从善，既和蔼又严肃，把做人的道理讲明白。在周颖南的劝导下，绑匪们认识到自己的犯罪行为，表示要悔过自新，发誓重新做人，并将最初 50 万元的赎金改为借款 5 万元。后来，法庭要判处绑匪死刑，周颖南知道了，主动出庭为绑匪辩护，说他们是被迫为匪，且已经悔改前非，5 万元借款也表示以后会归还，并当场出示了证据。几个绑匪感动得痛哭流涕，旁听的民众无不雀跃欢呼，赞赏周颖南有仁慈宽大的胸怀。这件案子曾经轰动狮城，成为东南亚地区特大新闻，周颖南也成了大英雄。他春风化雨，劝说匪徒弃恶从善的事迹家喻户晓，他的饮食业从此更加兴旺发达。这正是儒商以仁爱取胜、化敌为友的又一实例。

5. "仁爱"才能"贵"

人们常把"富"与"贵"连在一起说，使得许多人"富"与"贵"不分。商人、企业家们"富"了以后，就自然"贵"了吗？"富"了不一定"贵"，"富"只是钱财多，"贵"则是生命的尊严。那么，怎样才能"贵"起来呢？那要先从"仁"字谈起。《论语》里面说得最多的字就是"仁"字。"仁"字左边单立人，右边一个二，这个字在中国有一个通俗的解释，叫作二人成仁。也就是说，只有两个人在一起，才能构成仁爱关系。孔子说，两个人就是爱人，要好好地爱别人。仁爱很难吗？无非就是推己及人，自己喜欢的事帮别人一下；自己不喜欢的，不要求别人去做。

中国优良的传统文化把"仁爱"当作行动的准则，同时也是精
神价值的取向。成为一个仁爱的人，才算既"富"且"贵"。"仁
爱"才能"贵"，正是儒商提倡的仁爱善良的道德意识，这是现
代企业家精神的根本，是现代新型儒商的本质特征。

二、以义生利

儒商本为商人，不是不要利益，而是"见利思义""义然后
取"。宋代吕南公明确地提出："仁中取利，义内求财。"明人
吕坤说："买卖只求安分利，经营休挣哄人钱。"清道光年间的
徽商舒遵刚说得明白："生财有大道，以义为利，不以利为利……
财之大小，视乎生财之大小。""以义生利"，就是儒商义利观
的基本点。

1. 重义轻利的古代儒商

东汉时有一个商人一次典买了八匹马，当牲口的主人来赎
时，马的价格已上涨了十倍。共同经营典当行的人主张赎主应
当用现价赎回，而这个商人却认为这样做不道义，只收回了自
己原来付出八匹马的本钱，多一文不取。

宋人韩洙在荆山开客店，一位旅客离店后，遗忘在店里一
个布包，内装贵重之物。待客人回来找时，韩洙当即奉还。客
人查点丝毫不少，便取出五两白银以表谢意，韩洙坚辞不要，

表现出重义不爱财的高尚商德。

相传明朝万历年间，广东省南海县人李升佐在广州大南门已末牌坊脚（今北京路194号）经营一间小小的中草药店。有一天，他在码头发现一包银两，不知失主是谁，于是日复一日地在原地苦候，终于等来了失主陈体全，将银两原封不动地归还失主。陈体全感念李升佐的高风亮节，将失而复得的银两半数投资李升佐的中草药店，两人立约："本钱各出，利益均沾，同心济世，长发其祥"，并将草药店取字号"陈李济"。这就是中华老字号"陈李济"的由来。

清代休宁商人吴鹏翔在汉口买了八百斛胡椒，验货后，查明这批胡椒有毒，原主唯恐败露真相，央求退货还钱。可是，吴鹏翔为了防止原主又将有毒胡椒转卖别人，竟将这批胡椒全数买下，尽数销毁，宁愿蒙受巨大损失，也不使消费者受害。

2. 老字号"瑞蚨祥"的生意经

美国零售业巨头沃尔玛公司创始人山姆·沃尔顿生前曾经明确地说，他创立沃尔玛的灵感来自中国的老字号"瑞蚨祥"。瑞蚨祥绸布店坐落在北京大栅栏商业街上，是驰名中外的中华老字号。店名"瑞蚨祥"三个字相传是当年的掌门人经过反复推敲、多处考证后参考了晋代《搜神记》卷十三记载的"青蚨还钱"的故事。故事中的"青蚨"是一种可以带来金钱的昆虫，而且钱用完了又能飞回。因此，当年老板取店名瑞蚨祥就是借"青蚨"带来财运和"祥瑞"的吉祥寓意。瑞蚨祥的商标图案中

含有一对母子蚨。实际上，带来财运的"青蚨"是这个企业对
待顾客的道德精神，瑞蚨祥百年奉行以德经商的"生意经"，
是其成就中华老字号的秘诀。

老字号"瑞蚨祥"
的商标

　　瑞蚨祥绸布店始建于清光绪十九年（1893 年），当时山东
有一种"大捻布"，这种土布价格低廉，经久耐穿，很受百姓欢迎。
老掌柜孟鸿升就常年往来于城乡之间贩运"大捻布"。其儿子
孟洛川开了个专织"大捻布"的织布厂，自产自销。薄利多销
的大捻布使孟家发了大财。从创立伊始，孟鸿升就立下店训："诚
信筑基，悦客立业。"瑞蚨祥门店的茶座是"悦客"的代表性设
施，顾客可以在这里歇脚、聊天、谈生意，还可饮店里免费供
应的名茶，茶的质量绝不含糊，哪怕做的是一笔小买卖，赚不
到一壶茶钱，也绝不敷衍。百余年来，瑞蚨祥一直奉行百年老
店"至诚至上，货真价实，言不二价，童叟无欺"的十六字方针。
瑞蚨祥的呢绒绸缎货真价实，在苏州等地定点加工，每匹绸缎
的机头处都织有"瑞蚨祥"的字样，以便顾客确认品牌。瑞蚨
祥始终保持老店全、新、优的经营特色。"全"就是从低到高档
次齐全；"新"就是新品种、新花色不断；"优"就是集各地优
质面料荟萃一堂供广大顾客挑选。在灾难面前，瑞蚨祥以"义"
当先，充分体现了儒商的义利观。清光绪二十六年（1900 年）

八国联军攻进北京城，火烧大栅栏，瑞蚨祥未能幸免，店内所有账目和物品化为灰烬。但瑞蚨祥的掌门人并没有因这场巨大的灾难推脱责任，他毅然向社会郑重承诺：凡瑞蚨祥所欠客户的款项一律奉还，凡客户所欠瑞蚨祥的钱物一笔勾销。这一义举，为瑞蚨祥赢得了"义商"的美誉，从此，不仅北京的瑞蚨祥成了名震近代商坛、位居京城"八大祥"之首的名店，而且瑞蚨祥还在全国"遍地开花"。当时北京曾流传着一则民谣："头顶马聚源，身穿瑞蚨祥，脚踩内联升，腰缠四大恒。"可见当时的瑞蚨祥是何等的风光。中华人民共和国成立时，天安门升起的第一面五星红旗的面料就是由瑞蚨祥提供的，瑞蚨祥也成为全国丝绸业的骄傲。

3. "包换包退"的香港百货商

香港大昌百货公司创始人蓝海文是个重义轻利的儒商。他认为，对待顾客要有感激之心，因为香港是购物者的天堂，顾客随处可以买到相同的东西。之所以顾客光顾自己这家店，要么是有缘分，要么是相信这家店的信用。因此，他认为要善待每一位客人，否则，不只是失去一个客人，而是失去顾客的信任，伤害商店与客人的感情。善待每一位顾客，这就是"义"。他对大昌百货公司制定了"包换包退"的制度，只要不弄脏损坏，不撕掉商标，顾客随时可以退回全额的货款，而且不必说明退货的理由。更难能可贵的是，香港有些公司只是当天购买的商品可以退换，但大昌百货公司则是一两个星期以后，不仅可以退换，而且可以退款。据说当时如此这样优惠顾客的商家，在世界上也是独一无二的，看来只有儒商才能做得到。

三、欲而不贪

《论语·尧曰》："欲而不贪。""欲仁而得仁，又焉贪？"儒商主张应有正确的财富观，也就是以义制欲，以义导利，欲而不贪。《史记·货殖列传》提出"贪贾三之，廉贾五之"，南朝宋时裴骃（yīn）解释说：贪商只能赚到三成，因为其囤积居奇，刻薄贪心，该买卖时不买卖，资金周转慢，往往贪小失大；而诚商则能够得到五成的利，因为能够做到买卖合时，资金周转快，客源很多，薄利多销。因此，儒商们牢记这一道理，把"刻薄不赚钱，忠厚不折本"作为信条，利润率合理有度，分配时收益均沾，做到"欲而不贪"。

1. 古代儒商的利益分配原则

儒商信奉"厚利非我所利，轻财方是吾财"，无论是对待利润率的设置还是收益的分配，都要做到符合情理。在《工商切要》《生意世事初阶》《商贾一览醒迷》等著作中，都记载了儒商对本店的职员多采取"因人授事，量能论俸"，"量才给俸"的方法；而对合伙经商者之间的分配，则以合适的比例分成，即"经营贸易及放私债，唯以二三分利息，此为平常无怨之取"。

如果贪心不足，取七八分利，那就会丛怨祸积，招致天怨人怒，其生意也就难以为继。

南宋枣阳有一个商贩，名叫申师孟。一次，有个姓裴的富人与他认识后，两人交往甚欢，于是裴氏将本钱十万缗给申师孟合伙做生意。三年后，获利翻倍。裴氏又追加三十万缗。几年后，老裴去世，申师孟前往吊唁，并带上全部的本金和所赚利润交还裴家。裴家大为感动，因为这笔投资他们并不知情，最后以十分之三的酬金答谢申师孟。

明代广东南海县粮食贩运商秦世芳卖田为本出去经商，在客栈中无意错拿了同行粮商秦世良的二百两银子出去经营，大获其利，得本利共三万两之多，回家以后，却知此本银乃世良所有，自己原来卖田所得之银二百两仍留在家中。愧疚之际，其欲将三万本银的货物全部发与世良，世良坚辞不从。后来请世良本银的债主——大高利贷者杨百万调处，杨百万说："一个费了本钱，一个费了心力，对半均分，再没得说。"

2. 周大福金店的利润共享机制

中国有句老话："财聚人散，财散人聚。"这个道理被儒商们所运用，那就是做生意要与合作伙伴、与顾客达到双方获利共赢；在企业内部，则要求企业主与员工实现利益共享。

"周大福"是香港著名的金店，学徒出身的掌门人郑裕彤颇有儒商之风，在管理方面实践儒商欲而不贪的理念，使事业蒸蒸日上，将"周大福"开办成香港金饰珠宝业最早的有限公司，成为享誉世界的"珠宝大王"。他事业成功的法宝，重要的一项就是与员工一起分享利润，有了一套利益分享机制，员工从而对"周大福"忠心耿耿，有的终身为之服务。郑裕彤自信地说："公司的业绩一倍一倍在翻，我挣了钱，也一年接一年地给员工分红，他好，我也好，大家都好。很多员工在'周大福'做了六十年，不少最开始的员工到今天还跟我在一起，永远不会离开。"

与东方社会的儒商一样，西方企业家也懂得利益均享的道理。英特尔公司等众多高科技企业，对一流的人才不仅实行高工资、高福利，而且还送一副"金手铐"——公司股票购买权（离开公司便收回），因为人事合同本质上并不是人员流动的最终障碍，只有利益才是制衡的手段。

3. 耻于趁人之危赚取高额利润的粤商

儒商的欲而不贪还体现在决不趁人之危、趁火打劫，不仅以赚取这种高额利润为耻，而且往往是在别人有难时助其一臂之力，救人于水火。美国人亨特于鸦片战争爆发前后四十余年生活在中国，他将在中国的见闻写了《广州番鬼录·旧中国杂记》一书，书中就记载了一个粤商帮助外商的故事。说的是一个美国商人运了一船水银到广州，存放在专营外资的广东行商浩官的商行里。此时水银无人问津，价格极贱，但纽约的茶叶价格大涨。为了帮助这个美国商人渡过难关，浩官商行以市价收购了这船水银，并提供茶叶给美国商人。由于水银总价太少，不够支付茶叶款，浩官商行允许美国商人欠款以后再付。当美国商人已经将茶叶装船就要启航赴纽约时，浩官商行又赶来告诉美国商人水银价格大涨的消息，并决定将前已低价成交的水银买卖注销，而以涨价后新的价格重新计价。这使得美国商人获得大利。美国商人万分感激，他欣喜得亲自将浩官商行舍己助人的故事讲给亨特听，亨特将此事记在书中。虽然有许多人并不能纳入儒商之列，或只能称为"准儒商"，但他们中的大多数深受儒家文化的影响，许多经商的理念与儒商是一致的。

4．杨钊：一个不贪心的开发商

在当今寸土寸金的年代，开发商拿到土地，巴不得全部盖满房子，容积率越高越好。但儒商式的开发商却并不那么贪心，他们用地追求的是怎样才更有价值。杨钊建设惠州"城市花园"的行为说明他就是一个追求儒商价值的香港企业家，当他的家乡广东省惠州市政府特批给他 22 公顷土地时，他不像一般的地产商那样将 75% 的土地面积用于盖楼，牟取高额利润，而是反其道而行之，把 75% 的土地建了一个"情物紧融的乐园"，这就是由绿地、树林、鲜花、运动场构成的"城市花园"。杨钊认为，政府特批的土地是很优惠的，用小部分盖楼其利润就已经可观，大部分的土地应该建成一个人人都能享受的整洁干净的公园，这样才能回馈社会。杨钊建设的城市花园赢得了一片叫好声，惠州市政府把这块土地当成样板区，市民们也评论城市花园是高楼疯涨的开发区中的一盏明灯。

四、谦虚随和

谦虚随和是儒商个人品格的魅力，是儒商事业成功的品格条件。早在先秦时期，荀子就提出"群道原则"，儒家的"善群观"被儒商发展成"和气生财"的人际关系原则。儒商以"和"为生财之道，"和"就是尊重人，帮助人，与人合作。即便在困难甚至受辱时，也要有君子风度，不惜吃亏，得理饶人。无论是对待顾客、合作伙伴，还是对待自己的下属，都能谦虚和谐，这种人格魅力使人心悦诚服，因而是所向无敌的。

1. 古代儒商的"和气生财"信条

"和"与"诚"一样，是儒商经济伦理的基本原则，也是儒商处理人际关系的基本特征。《士商十要》说："凡待人，必须和颜悦色。"《商贾一览醒迷》说："积德则昌，积怨则亡。""凡人存心处世，务在中和，不可因势凌人，因财压人，因能侮人，因仇害人，因倾推人，因宠赞人，使我势穷财尽，威福不张，祸害临身，四面皆仇敌矣。惟能处世益谦，处财益宽，处能益逊，处仇益德，处倾益扶持，处宠益方便。若然，不独怀人以德，足为保身保家之策也。"《营生集》也说："礼义相待，交易日旺"，甚至说："除尽躁暴之气，以和为贵。至或人责我骂我，明是自己有理，亦当忍气顺受，切勿与人争曲直也。更要打低弦缘，万事笑容向人为上。无论在人家在铺行，俱宜与上下人等结好，四面和顺。即人怒我，亦当冷静乞笑。若人叫我，须用和蔼之高声应答。或我叫人，亦有敬谨及和蔼之高声。"本书前面所讲到的电视剧《闯关东》中朱开山与韩老海和潘五爷化敌为友的故事，就充分说明了"和气生财"的道理。当今许多店铺都挂有"和气生财"的字画、牌匾或对联，对经营实践起着积极的现实指导作用。

2．为员工端茶的日本"经营之神"

被誉为日本"经营之神"的松下电器公司创始人松下幸之助有一句名言："社长必须兼任为员工端茶的工作。""我每天都会问自己，今天我要给几个人端茶呢？虽然我没能给所有的员工端过茶，但一定要让他们感到我的一片心意。"松下幸之助曾强调："最重要的是要尊重他们的独立人格。无论是提出问题也好，或是交付任务也好，我总是避免用命令的口气对他们说话。我们必须尊重他们的自尊，也要敬重他们所代表的传统。"他批评"有些董事长常如此指责部属的缺点：'我的职员都很差劲，令我头痛极了。'凡是这样的公司，几乎都没有很好的业绩。反之，能说'我的部属都很好，我以他们为荣'的公司，都有很好的业绩，业务开展也节节顺利。如此看来，领导者认为自己的部属行或不行，直接影响到生意的成败。这就是经营、用人的要诀"。

老板为员工倒茶，是交流感情的一种方式，表明了老板对下属的尊重。一些企业对员工生日的祝贺，企业领导亲自参加员工的红白喜事，管理人员串门走访，企业庆典时将员工及其家属置于显要位置等，都表现出企业和管理者的谦和以及对下属的关爱。

日本儒商对待客人的彬彬有礼，可能在全世界都是闻名的。日本企业管理大师太田琴彦总结了接待客人和公关交际的要领是"毕恭毕敬加微笑"，使之贯穿于问候、送名片、说话、放手的位置、摆脚的姿势等环节，成为基本功。日本企业对员工的礼仪训练非常重视，并且极为严格。被一家企业录用的日本大学毕业生，无论他有什么样的教育背景和经历，首先都要上一堂礼仪课，包括以下课程内容：怎样正确地交换名片；根据对方的身份，在什么情况下鞠躬 15 度、30 度或 45 度；女士们学习轻盈优美的迈步和转身；学习如何打电话、开门和关门；还要学习正确地倒茶方式。人们与这样谦和礼让的企业打交道，是可以放心甚至感到温暖的。

3. 听取顾客意见的"领带大王"

有一次，一个瑞典顾客戴着"金利来"的真丝领带去打网球，结果汗水使得领带上的染料印污了他的T恤衫。于是，他写信给"金利来"领带大王曾宪梓，投诉真丝领带脱色。曾宪梓不仅没有生气，还把这位顾客请来，亲自接见了这个瑞典客人，认真地向他解释说："真丝领带是不宜沾汗的。因为所有丝质领带遇上带酸性的汗水，都会产生化学作用而脱色。"曾宪梓不仅进一步征询这位顾客的意见，向他介绍领带和T恤衫的日常保养方法，而且还赔偿了他新的T恤衫和新领带。客人没想到投诉却受到热情的欢迎，十分感动。曾宪梓笑着说："你能来提意见，证明你对我们的牌子是很爱护的，我们应多多感谢你才是。"领带大王虚心听取顾客意见，诚恳解决顾客问题，成为商界以德经商的典范。

4．"锦绣中华"的"不言之教"

儒家倡行"不言之教"，以身作则，自己做好了，就可以带动他人。儒商不允许简单粗暴之举，因为无论是对待员工还是顾客，仅用呵斥和罚款是起不到真正的效果的。"锦绣中华"是深圳著名的大型文化旅游点，游客多、环境卫生管理压力大。开业之初，曾经在文化景观区设置了大量警告牌，包括"禁止吐痰，违者罚款"，"禁止乱丢果皮纸屑，违者罚款"，"禁止入内拍照，违者罚款"等，与文化景观的氛围十分不协调。更有甚者，对于那些无视禁令者，又是鸣笛示警，又是强迫罚款，闹得经常是管理人员与顾客拉扯对骂。了解到这些情况后，时任香港中旅集团总经理的马志民便进行改革，他认为，"锦绣中华"的管理不能把精力放在如何对付顾客身上。顾客花钱买票进园游览，首要的应当是得到尊重，享受到轻松愉快。对于一些顾客不注意公共道德的行为，应当用更文明礼貌的方式来解决，处事应当随和，不能激化矛盾。于是，他们废止了吹哨子，撤掉了警告牌。同时，让清洁工跟随游客，只要看见有人乱丢乱吐，就默默地迅速将杂物扫除，将痰迹擦掉，并给违规的游客一个善意的点头和微笑。据说，有人专门做过测试，在4个

不同景点丢下烟头，每次都在 4 分钟内被清洁工捡走了。游客
在清洁工这样文明礼貌的行为面前，基本上都能自觉地维护公
共环境卫生。景区内一块警告牌也没有，这在世界旅游界也是
少见的。然而，"锦绣中华"却用其文明礼貌实行"无言之教"，
杜绝了游客不文明的行为，景点获得了全国爱国卫生的最高荣
誉。这真是：此地无声胜有声，此地无牌胜有牌。儒家的"不言
之教"可以使人心悦诚服，这是儒商以德经商的一件重要法宝。

五、自强不息

《易传》的"天行健，君子以自强不息"是儒家的核心思
想，反映了中华民族的精神。儒商是"自强不息"的代表，他们
或是白手起家，或是百折不挠，自强不息是他们的共同精神品
格，是他们品格中的支柱，是进取的道德。西方人有句格言：
"没有破产经历的商人，不是真正的商人。"成功的商人、企业
家并不是时时等待收获，而是敢于与命运抗争，随时准备挑战
失败与挫折，在困境中立志，在磨炼中成才，在奋斗中成功。

1．郑观应的"决胜于商战"

郑观应是中国近代民族工业的先驱，他的家乡广东香山对
外贸易很活跃，使他很早就接触了外国商人和洋行买办。1858
年他离开家乡，到上海叔父工作的洋行工作，跟着叔父学英语。

后来他先后在多个洋行工作，1881 年，郑观应受李鸿章的赏识，到轮船招商局任帮办。招商局是官督商办企业，官场的黑暗、商场的险恶，特别是外国资本主义对中国民族经济的打压，使郑观应陷入多重危机之中。先是因担保同乡杨桂轩任太古洋行买办之误在香港被拘禁，后被人诬告而受累。郑观应更加切身体验了爱国民族资本家外受帝国主义的欺凌，内受洋务官僚和同行的倾轧，最终辞职退隐，写下《盛世危言》，提出"决胜于商战"的著名论断。他认为，近代西方列强侵略中国，中华仁人志士大都主张习"兵战"以救国，但郑观应认为："习兵战不如习商战。"因为，经济侵略是西方列强征服殖民地的根本手段，经济侵略比军事侵略更隐蔽更危险，所以，必须"振兴商务"，船坚炮利的军事手段也应是"借兵以卫商"，根本的是发展资本主义经济的"商战"，要与西方列强"决胜于商战"，中国才能富国自强。这就是爱国儒商郑观应在困境中的理性思索所表现出来的是儒家"自强不息"、百折不挠的进取精神。

2．状元实业家的志气

近代实业家张謇 1913 年在北京商业学校演说时曾说："人患无志，患不能以强毅之力行其志耳！"他的一生充分体现出儒家自强不息的精神。在他幼年读书时，门前有人骑马而过，老师便以此做上联："人骑白马门前过"，嘱张謇对下联。张謇对曰："我踏金龟海上来。"可见在那时，张謇的读书做官、功名富贵的思想还是很浓厚的。到青年时代，由于热衷于科举，一位友人又忠告他："诗文之功较前进，胸次则较前卑。"他铭记着这些忠告，于清光绪二十年（1894 年）考中慈禧太后六十大寿设的恩科状元。

清廷给状元张謇授了翰林院修撰之职。有一天，他看见慈禧太后从颐和园回到京城里，适逢大雨，地上积水很深，大小文武百官，其中还有七八十岁的老年大臣，都跪在水里接驾。雨先落到百官帽子上边的红纬缨上，再滴到袍褂上，官员们一个个都成了落汤鸡。那慈禧太后坐在轿子里，却视若无睹地扬长而去。张謇十分难过，觉得这是有志气的人该做的吗？还是离开官场去做老百姓吧！

他毅然辞官，走上了办实业的道路，创办了大生纱厂。大生纱厂大厅挂的一副对联"枢机之发，动乎天地；衣被所及，遍我东南"，充分反映了张謇发展实业的雄心壮志。他一生创办了二十多家企业，为我国近代民族工业的兴起做出了宝贵贡献，人称"状元实业家"。他还兴办了三百七十多所学校，包括复旦大学的前身"复旦公学"等。毛泽东同志在谈到中国民族工业时曾说："轻工业不能忘记海门的张謇。"

3．霍英东白手起家

许多儒商都是白手起家的，霍英东就是其中的典型。霍英东出生于一个十分贫穷的家庭，童年是在舢板船上度过的。他早年丧父，另外两个兄长也在一次翻船事故中坠河丧生，母亲带着七岁的他和另外两个女儿离船上岸讨生活。霍英东在帆船义学读完小学，后因家庭贫穷读至中学三年级辍学，加入了"苦力"的行列,他干过各种各样的工种,当过渡轮加煤工、机场苦力、修车学徒、铆工等。他的手指也是在做苦力时被一个 50 加仑重的煤油桶砸断的。艰难困苦的生活磨炼出霍英东的坚强意志，他立志做一个有作为的人。他曾说："人生是短暂的，我们必

霍英东

须掌握自己的命运，在生活的舞台上，扮演一个强者的角色，不在艰难中屈服，要在艰难中自强。"1942 年，他协助其母经营杂货店，1945 年转营驳运业务，1954 年创办立信置业有限公司，经营房地产。霍英东靠自己的奋斗，艰辛创业，成为享誉中外的实业家。

4. 李光前"明知山有虎，偏向虎山行"

当李光前刚刚成为陈嘉庚的女婿时，还是个二十几岁的毛头小伙子。陈嘉庚将马来西亚的橡胶业务交由李光前打理。这时，有一个种植橡胶园的英国人想廉价出售橡胶园，出价只有

正常价格的一半。李光前得知这一消息，仔细分析了情况，决定购买，并与卖家进行了接触。当这个英国橡胶园主答应以优惠的价格和付款条件出售后，李光前高兴得当晚就从马来西亚赶回新加坡，向岳父陈嘉庚汇报情况。性格爽直的陈嘉庚听后立即大声斥责李光前，说："你怎么这么糊涂！一点常识都没有吗？大家都知道这块橡胶园是没有人要的，因为山上有老虎，曾经咬死割胶的工人，橡胶园也就变成荒地了。"李光前耐心地听完岳父的训斥，解释说，英文报刊上报道了，政府有意在附近开公路，公路一开，人来车往，老虎自然会绝迹。但陈嘉庚不相信这种内部消息，认为开公路尚未确定，不同意购买这块橡胶园。岳父不支持，资金成了问题，但李光前迎难而上，到处去筹措资金。卖主因担心李光前知道山上有老虎后不肯购买橡胶园，又给出了更加优惠的条件。这样一来，李光前终于把橡胶园买下来了。不久，政府果然在橡胶园附近开了公路，老虎绝迹了，这片橡胶园的价格陡然涨了三倍。这件事在新加坡和马来西亚的华侨里传开了，说李光前有气魄，敢不听岳父的话。又说他煞气大，连老虎都怕他，正应了那句古话："明知山有虎，偏向虎山行。"

5. "美的"艰苦创业闯难关

"美的"集团是中国著名的家电企业，恐怕谁也未曾想过，这家中国"白色"家电巨头，在创业之初也是一波三折，差点夭折于襁褓之中。1978年何享健与另外23名顺德人集资5000

元成立的"北滘（jiào）公社塑料生产组"已有10年，这家生产瓶盖、小阀门等小五金的乡镇企业，正想乘着改革开放的春风发展壮大。在为广州一家国营风扇厂生产配件后，1980年成立了"顺德县美的风扇厂"。但由于风扇业的恶性竞争，使得刚起步的"美的"的生存状况急转直下，迅即陷入困境，最困难时风扇大量积压在仓库，流动资金严重短缺，五个财务人员走得只剩一个，"美的"不得不靠职工集资来暂解燃眉之急。无奈之下，何享健把仅有的一点路费藏在鞋底，扛着电风扇就登上北上的火车。为了省钱，晚上就睡在车站，早上饿了吃点白糖。以这样一种艰难的方式，何享健和"美的"开始了在家电业的跋涉。就是依靠这种坚忍不拔的精神，"美的"闯过了起步阶段最艰难的一关，才有了今天企业的辉煌。人们常说"可怕的顺德人"，"可怕"就在于儒商的自强不息的精神，这也正是中华民族精神的体现。

从儒商"以德经商"的传统可以看到，人具有道德的本性，道德也是经济本身的要求，因为仁义、谦和、不贪，就不会遭人嫉恨，就会广交朋友，就会受人尊重；而自强不息，就没有什么艰难险阻不能克服。这些正是经济活动得以成功的先决条件。这种"德商"的理念极富现代性，是现代企业家必须弘扬的优良传统。

儒商的社会责任

所谓责任，就是要求其承担符合自己本分的事情，做分内的事，尽应尽之责，是社会成员按照其社会角色应当承担的义务和要求。从经济伦理的角度讲，儒商的社会责任就是为"经世济民"、增加社会财富和解决民众疾苦而"见义勇为"。孔子说："为仁由己。""仁以为己任。"儒商就是按照孔子的教导勇于承担社会责任的商人、企业家。

一、强国富民

经济是国家的命脉。儒商首要的社会责任是强国富民。在国家遭遇危难的时候，挺身而出，出资出力。在和平发展时期，大力发展经济，为国家发展贡献力量。而最能检验儒商境界的，是企业家能否继承和发扬中华民族爱国主义的光荣传统，帮助国家排忧解难，这是企业承担社会责任的重要体现。

1. 先秦弦高妙计救国

春秋时期，郑国商人弦高和奚施到周去做买卖，在路上迎面碰上秦穆公的军队，正在经过周、滑两国奔袭郑国。这时，郑文公刚刚去世，郑国正在举国治丧，对秦军的偷袭行为毫无防备。当弦高知道秦军要偷袭郑国，便急中生智，一面让奚施从小路回国报信，一面挑选了12头肥牛，自己将牛赶到秦军将领面前，假称自己是奉郑国国君之命，前来犒劳秦军的。这样一来，秦军以为郑国早有准备，不能靠偷袭取胜。于是，秦军只得放弃偷袭郑国的计划，顺道灭掉滑国后班师回秦，郑国从而得以保全。牛贩子弦高犒师退秦兵，成为爱国商人的典范，被人们世代传颂。

2．范旭东的爱国情怀

著名实业家范旭东是一个爱国主义儒商。1933年5月，卖国的《塘沽协定》本拟在范旭东创办的黄海学社的图书大楼内签字，但因遭到范旭东的抵制而未得逞。后来日本侵略者又以保护他为名进行威胁，企图使他变节。范先生愤然拒绝。他宁可工厂、学社被毁，也绝不被侵略者收买。七七事变后，范先生眼看着自己一手创建、经营的事业相继沦落日寇之手，更增加了对敌人的憎恨和对祖国的热爱。他冲破重重包围，毅然率领全部技术人员南迁入川，在华西重建民族化工基地，继续进行盐碱事业，以支援抗日战争。1945年10月，范旭东病逝于重庆沙坪坝寓所。范旭东去世后，经济学家许涤新曾著文悼念他，指出："这不仅是工业界的损失，也是国家民族的损失。"毛泽东同志把范旭东列为不能忘记的四个中国工业先驱人物之一。

3. 敢于与外资竞争的刘鸿生

刘鸿生是中国近代实业家。其父曾为招商局轮船买办，而他自己早年在上海圣约翰大学肄业，后也成为英商开平矿务局上海办事处买办。因不堪外资欺辱，他逐步萌发了"实业救国"的思想。他说："在短短的买办生涯中，使我感到外国人瞧不起中国人。我觉得中国人之所以受气，是因为没有工业，没有科学，因此就想利用口袋中的现钞做点事。"于是，他转而创办民族工业。他在九一八事变后，便顺应人民的爱国心理和抵制日货的要求，生产出"九一八"牌的薄哗叽，在他的门市部，也亮出"国产呢绒"的招牌，深受顾客欢迎。后来他回忆说："真正使我第一个企业成功的主要原因，是那时的爱国运动推动了这个企业的发展，因为当时每个人都愿意买国货。"他在与外国资本竞争中，采用"联华制夷"和"联夷制夷"的战略，在火柴业中发展为华资企业的盟主，在水泥业中与外国企业对峙而立，成为中国近代著名的"煤炭大王""火柴大王""毛纺业大王"和"企业大王"。

二、见义勇为

儒商对社会责任的承担，就是继承和发扬中华民族见义勇为的优良传统。扶贫济困，乐善好施，修桥补路，急公好义，这是古今儒商的共同特征。不仅做该做之事，尽应尽的本分，而且宁愿冒风险，破钱财，拼性命，在危难面前决不袖手旁观，在责任面前决不退缩，主动出手，一马当先，尽显儒商本色。

1．急公好义的云南巨商王炽

王炽，清代云南巨商。他见义勇为的行为主要表现在两个方面。一方面，是在国家危难的时候挺身而出，出资出力。1883年，在援越抗法时，清朝政府已经空虚，国力相当衰弱，云南边陲上万人军队的军饷难以解决。王炽知道后，独立借资60万两白银用作军费，解决了军饷筹措的燃眉之急。为此，朝廷诰封王炽为"资政大夫"，赐匾"急公好义"。王炽另一方面的见义勇为行为是乐善好施，铺路架桥。当时，四川泸州只能靠木船过江，商旅行人大感不便。王炽知道这件事后，出钱聘请工匠，购买材料，修建了一座永久性的跨江大桥。此项义举得到当地百姓的高度赞扬，朝廷也对他进行表彰，赏赐王炽"三代一品封典"。

2．受祖先积善行德影响的新加坡儒商

新加坡华人企业家林邦彦是个乐善好施的儒商，当他被问及为什么那样热心于公共福利和慈善活动时，他说："那是我作为一个人所应该做的。我应该热心于社会福利。参与有益于社会福利的活动是我的本性。所以我加入了许多协会。如果有益于民，我将尽力而为。""我一直受祖先的影响。这是因为我的祖先也做了大量的好事。我祖先曾当着他几个儿子的面烧掉账本，并告诉他们那些欠他债的人处境艰难。儿子们不应该去

向他们索债……我叔叔告诉我说祖先做过很多好事。所以我应该效法祖先。好事应该做。什么坏事我都不敢做。"林邦彦的祖先也是儒商，他是出身于儒商世家的慈善家。

3. 第一个回乡办厂的香港企业家

杨钊是改革开放后第一个回内地办厂的香港企业家。他不仅捐献了大量财物给内地的公益慈善事业，而且急社会之所急，注重解决社会最急需解决的问题。1982年8月，时任广东惠州惠阳地区地委书记的郑群到了香港，杨钊诚恳地问他："家乡有什么急事需要解决？"郑群回答说："待业青年问题最棘手。""有多少？""8000。"杨钊应允郑群马上回家乡办厂，解决2000名待业青年的就业问题。杨钊带头回内地办厂，起到了极好的示范作用，家乡的人们不仅把他当作儒商式企业家的楷模，而且把他看作是惠州的代表，被誉为"惠州名片"。

三、节约环保

一些论者认为，在中国传统文化中，只有道家"顺应自然"，具有环保意识，而儒家主张"天人相分""人定胜天"，对自然有破坏作用。这些看法是不确切的。儒家具有"天、地、人"三才的思想，强调"天人合一"，崇尚厚德载物的无私道德，主张物尽其用，"货恶弃其于地也"，"力恶其不出于身也"，具有节约环保的意识。儒家思想中有利于环保的思想是主要的，从一定意义上说，其倾向是持"积极的环保观"，而道家、道教的环保观则相对有较为消极的特点。儒家以"天人合一"为核心的环保理念，是儒商自然资源观和环境保护意识的文化基础和理论指导。

1. 先秦儒家对自然资源的保护

《史记·殷本纪第三》记载了著名的"网开三面"的故事，当商汤还是一个诸侯的时候，有一次，他在野外看到有人正在张网捕鸟，那个人不仅在东西南北四个方向都布了网，而且祷告说："愿天下四方的飞鸟都投进我的网里。"商汤对此嗤之以鼻，他对那个人说："你可不能把天下四方的鸟都一网打尽啊！"并命令撤掉三面的网，也祷告说："鸟儿啊，鸟儿，你愿向左飞就向左飞吧，你愿向右飞就向右飞吧，不听我的话的，你就只好自投罗网了。"天下的诸侯听说了这件事后，都称赞说："商汤这个人真是道德完备啊，连禽兽都纳入了他宽广的胸怀。"因此，天下的诸侯都归顺了商汤，商王朝由此而建立。

《孔子家语》中有这样一个典故，巫马期去看望季子，见季子夜中捕鱼时将捕上来的小鱼都释放了。巫马期回来后向孔子禀报了这件事，孔子听后感叹地说："季子这个人真是道德完备啊！"

据《孔子世家》记载，孔子说，他反对刳胎杀夭、竭泽而渔和覆巢毁卵，因为这样就会导致麒麟不至，蛟龙不合，凤凰不翔。其缘由就是"物伤其类",这大概就是这个成语的由来。无论是孔子、孟子、荀子等儒家人物,都主张有节制地获取动植物资源,"禽兽以时杀焉","钓而不纲,弋不射宿","不夭其生,不绝其长","禽兽鱼鳖不中杀,不粥于市",亦即"劝君莫打三春鸟,子在巢中待母归"诗句所指的不要破坏动物繁衍生息的意思。对自然资源保护好,就是为子孙后代着想。俗话说:"前人种树,后人乘凉。""为子孙后代造福。"这些话都是讲的这个道理。反之,如果"吃祖宗饭,断子孙粮","暴殄天物",那就是犯罪,就会被钉上历史的耻辱柱。

2．煤炭大王以节省成本和资源搞营销

中国煤矿工业的先驱刘鸿生在推销煤炭的时候,十分注意宣传利用煤炭做原料,可以降低成本,节约资源。当时,上海各个窑厂都是以木材作为燃料。刘鸿生为了让窑老板使用煤炭代替木材,他亲自带着水泥匠到上海附近的各个大窑厂,帮他们改造窑炉,把以木材为燃料的烧窑改装成便于烧煤的炉排,并进行烧窑试验。窑厂发现以煤炭代替木材,不仅火力猛,而且效果好,成本大大降低,燃料也很节约。经过这样的反复示范和试验,几年以后,上海周边的窑厂都采用煤炭作为原料,并影响到整个长江下游地区,不仅刘鸿生的煤炭打开了销售市场,也大大节省了窑业的成本、降低了资源的消耗。

3．木材加工企业的植树责任

刘绍喜是广东宜华企业（集团）有限公司董事长、总经理。1987年，他靠800元起家，创办了一间小作坊式的私营家具厂，如今已发展成上市企业宜华集团，总资产达数十亿元，成为"全国出口最大企业500强"之一，并在国内同行业中率先通过了ISO9002国际质量体系认证，成为全国木材加工行业的领头羊。刘绍喜本人也资产丰厚，连续三年在《福布斯》富豪榜中有名。宜华80%的产品出口欧美、日本和南亚市场，木材原料也大多来源于国外，在缅甸、越南的深山沟壑，在亚马孙的热带雨林，在非洲、美洲以及亚洲一些国家的原始森林中，刘绍喜都建立了自己的木材基地。刘绍喜深知，木材加工企业是离不开木头的，如果木材难以供应，对于宜华来说无疑是釜底抽薪。为保护环境，也为了企业的长远利益，他大力植树造林，经常包下整座山头，坚持"砍一棵树，补一株苗"的原则，根据树龄逐年开发。从1999年开始大面积植树，投资1000多万元，在广东北部山区种植了10万多亩速生丰产林，为集团的木制品生产发展提供质优、价廉、运输便利的原材料。刘绍喜的目标就是要形成自己的木制品产供销一条龙，而在这个产业链中，最基本的就是木材的自给自足。这种环境与资源相统一，对大自然的利用与补偿相统一的做法，也就是儒商所提倡的"天人合一"的理念，是儒商重视自然、依靠自然、利用自然，做到可持续发展的范例。

四、扶贫兴教

儒商扶贫济困的善举范蠡那里就开始了，而从子贡起就已经开始支持教育，没有他的资助，他的老师孔子就不能周游列国，宣传儒家的主张。热心慈善，扶贫济困，捐资助学，也正是古今一脉相传的儒商的特征。

1. 扶贫济困的武财神赵公元帅

中国民间信仰的财神有文武之分。其中，范蠡为"文财神"之一（另一位是公正无私的比干），赵公明是武财神之一（另一位是忠义诚信的关公）。文财神范蠡三聚三散，是个仗义疏财的儒商鼻祖，前面已有介绍。赵公明也是以扶贫济困的义举才走上"武财神"神坛的。赵公元帅是道教人物，属于广义的儒商。在扶贫济困方面，儒道并没有本质的区别。

相传武财神赵公明，本名朗，字公明。《封神演义》中，姜子牙封其为玄坛真君，统率"招宝""纳珍""招财""利市"四位神仙，专司迎祥纳福、商贾买卖。后来，民间称其为武财神赵公元帅。据民间传说，赵公明实有其人，故里在陕西省西安市周至县集贤镇赵大村。他家境贫寒，年轻时帮木材商打工。由于为人仗义，诚实守信，深得工友信赖，老板对他也十分赞赏。赵公明攒下一些钱财以后，便自行经营，成为木材商，逐渐成为富豪。但他仗义疏财，扶贫济困，每遇穷人求助，他都不仅施以钱财，还传授致富之方。有人借了赵公明百金做生意亏本，一时无力还债，赵公明仅仅让其还了一双筷子，便抵消了所有欠账。正因为赵公明为富行仁，集众多美德于一身，后人才将赵公明敬为财神。

赵公明年画

有人编写了一则民间故事，内容是赵公明怎样帮助穷人从而成为人们崇奉的财神爷的。现转录如下：

赵公明是个穷汉，住在千年古柏下一间四面透风的茅草屋里，养着一只鸡和一只狗。鸡的眼瞎了，狗也仅有两条腿，全靠主人喂养。赵公明天天出去挣钱，但都把钱接济别人了，每天晚上只带回来一口救命饭。好在鸡、狗知足，有什么吃什么，从不挑食，从不吵闹。有一年的年三十，赵公明很晚才回家，两手空空，十分愧疚地对鸡和狗说："唉，穷人太多了，没办法……叫你们跟着我挨饿！要是有钱，我会送给穷人，让他们有钱看病，有钱穿衣，有钱吃饭，我们也不用再饿肚子了。"第二天早上，赵公明刚睁开眼就发现茅草屋里金光闪闪的，原来是鸡和狗的屁股上各挂着一串金锭和银锭。赵公明十分高兴，揣着财宝出了门。晚上，赵公明兴冲冲回来了，带回了饺子、牛肉、点心和酒。他边喂鸡喂狗，边对它们说："今天这些金子和银子可帮了我的大忙。西河上的桥垮了，官府征税修桥，许多人家拿不出钱，大过年的哭哭啼啼，我拿这些钱帮他们交了税，足足交了八十多家。回来的路上，我还琢磨，今天晚上吃什么。冷不丁一个人迎面过来，拦住了我就叫'恩公'。原来是十年前我帮过的一个小伙计。当年他在绸布庄当学徒，掌柜诬陷他偷了柜上十吊钱，要把他绑起来惩罚他，碰巧我卖柴卖了十吊钱，就替他还了。没想到十年后这小伙计当了东家。这顿饭菜就是他执意送的。来，大家今天多吃点。看来真的是善有善报啊！"第二天早上，赵公明看见鸡和狗身上又吊着金锭和银锭，就又把这些钱拿出去帮助穷人。以后，鸡和狗每天都产金锭和银锭，他每天都拿去接济百姓，自己却还是住破茅屋，饱一顿饿一顿的。渐渐地，百姓都知道了赵公明的大名，十分感激他的救助之恩。但是有几个贪财的人很嫉妒赵公明。一天夜里，他们放火烧了赵公明住的茅屋。等大伙赶到山下救火时，茅屋已化作灰烬，赵公明不知去向。后来，有许多穷人总是在困难之际得到意外的帮助，时间长了，人们都说赵公明是神仙，只有神仙才会帮助穷人，只有神仙才会逃过劫难。原来，赵公明真的成仙了。那只鸡和那条狗就是玉皇大帝派来的仙鸡仙狗。茅屋被火烧的当晚，仙鸡和仙狗就带着赵公明升仙了。玉皇见他心怀百姓、不贪求钱财，就正式封他为财神，仙鸡和仙狗变成了一对可爱的童男童女，名字分别叫招财和进宝。人间的百姓不时地得到财神的救济，就在他原来住的破茅屋的地方修了一座庙，将他供奉起来。百姓家家都挂财神像敬他，求他送财。财神有时会送错财，有时干脆不送财。玉皇大帝念他一片善心，并不怪罪他，一直让他当财神爷。可见，有善心的人，方可作财神。

2. 陈嘉庚"宁可变卖大厦，也要支持厦大"

陈嘉庚先生创办的
厦门大学正门

中国的儒商是十分重视教育的。著名爱国华侨领袖陈嘉庚就是一位心系中华，一生致力于兴实业、办教育、慷慨奉献的儒商。他创办了"集美学村"和厦门大学。1921 年 4 月 6 日，陈嘉庚创立的私立厦门大学举行开学仪式，这是中国第一所由华侨专办的综合性私立大学。厦门大学自 1921 年 4 月开办到无偿移交给国家，他独立维持了 16 年。后来世界经济不景气，严重影响华侨企业，陈嘉庚面对艰难境域，宁愿"倾资兴学"甚至"毁家兴学"。他态度坚定地说："宁可变卖大厦，也要支持厦大。"他把自己的三座大厦卖了，用于维持厦大的经费。毛泽东同志赞誉陈嘉庚先生是"华侨旗帜 民族光辉"。

3．赞助学术研究的韩国儒商

李退溪是朝鲜李朝中期杰出的思想家，被誉为"海东孔子"。不仅韩国政府十分重视退溪学的研究，民间特别是企业家也积极予以赞助，其中最有代表性的企业家要数李东俊、李龙兑和李源纲三人。

仁川制铁株式会社董事长李东俊创办了退溪学研究院，后又成立了国际退溪学会。李东俊死后，将全部遗产捐赠给退溪学研究院。李龙兑是一位留美计算机专业博士、韩国最大的通讯公司的董事长，名下有 18 家企业。他酷爱儒学，大力支持退溪学研究，担任了国际退溪学会理事长。有一年，李龙兑之子将赴美攻读物理学博士，护照也已经办妥了。但李龙兑为了使即将出国的儿子有儒学根基，要求儿子在出国前的六个月内背诵完《孟子》。但六个月已过，儿子虽经努力却未能背诵完整，李龙兑决定推迟儿子的出国时间，直至背诵完《孟子》才赴美留学。李龙兑对儒学的热爱，一时传为美谈。李源纲先生是生产精密铸造模具的"三又精密社"董事长，他担任退溪学研究院理事长。李源纲不仅多次捐巨资给退溪学研究院，而且拟筹建"学术财团"，目标是筹集 7000 亿韩元，以利息奖励人文社科研究，奖励额度将超过诺贝尔奖。

在这些韩国儒商们的支持下，退溪学的研究有了很大进展，国际退溪学会成为韩国最大、最重要的学术团体，在国际学术界有着广泛的影响。

4．灾区复课师生的乐园——"碧桂园"

碧桂园集团董事局主席杨国强是广东顺德的地产商。他出身农民，17岁前未曾穿过鞋。他因"像卖白菜一样卖房子"的理念以及请王志刚策划在中央电视台播出"碧桂园——给你一个五星级的家"的广告而名扬全国。随着碧桂园上市和企业的发展，杨国强一度跻身中国首富。这位出身农民的富翁倾心教育，在顺德碧桂园建设之初，就开办了私营"贵族"学校——"国际学校"，成功联系北京名校景山学校，成为其广东分校，一开校便吸引旅居顺德的外地商人及当地富裕的人送子女入读。办学还带来更神奇的成效——吸引富裕的人愿意到穷乡僻壤聚居，从而成功地将楼盘卖光。

如果说碧桂园办学校是商业行为，那么，碧桂园"雨露计划"示范基地的建设则完全是慈善行为。其内容是设立贫困地区复员退伍军人培训基地，为复退军人提供免费培训，学员培训期间包吃包住领补贴，从而帮助复退军人掌握就业技能，走上新的工作岗位。

尤其值得赞赏的是，杨国强带领的碧桂园集团在四川地震发生之后，出资协办由网络发起的"5·12心灵援助特别行动"，帮助幸存者消解内心的伤痛和恐惧，坚强勇敢地面对今后的人生，并累捐2300万元用于救助灾民以及灾后重建。他的女儿杨惠妍也以个人名义捐款1000万元设立"汶川孤儿救助基金"，用于帮助地震中失去亲人的孤儿。杨国强个人出资接收汶川灾区2000名学生到碧桂园所属学校复课，师生在复课期间的生

活费、学习费用全部由杨国强承担，这笔费用的预算约为 1 亿
元。据媒体评论，这是我国历史上初级中学整建制跨省异地复
课的第一例，安置人数之多、资金之巨、困难之大可谓前所未有。
杨国强及其碧桂园免费培训复退军人以及捐资助教、支援灾区
教育、接纳灾区学生到自己所办的学校复课，在解决这些不是
单用金钱就能够解决的困难时，用实际行动和有效的措施，做
出了一个企业家的贡献，也是继承和发扬儒商尊师重教传统的
现代企业家的典型之一。

　　早在 1923 年，美国报纸主编协会就提出了企业社会责任
准则。2002 年开始的"赤道原则"又将企业的社会责任作为融
资新标准。2006 年底，美国著名学者迈克尔·波特提出企业的
发展战略中应当明确企业的社会责任。2008 年上半年，微软总
裁比尔·盖茨宣布将自己全部的微软股份捐给慈善事业，随即
退休，在全球引起极大反响。2008 年下半年，由"三鹿奶粉"
查出三聚氰胺污染揭开的奶业危机和由美国华尔街次贷"黑洞"
引发的全球性金融海啸，更使人们反思企业的社会责任，直指
商人、企业家的道义良心。这些事件表明，企业决不能"拔一
毛以利天下而不为"，而应当"铁肩担道义"。负起应尽的社会
责任，已经成为全球性价值准则和企业潮流。儒商对社会责任
的重视，是企业家们应继承的优良传统，在现代社会必将发扬
光大。

儒商的经营谋略

2008 年初，号称中国最大规模的地产中介、曾获"最具诚信中介企业"荣誉的"创辉租售"，几乎一夜之间把所属全国各地几百家分店全部关闭，员工被欠薪，客户资金被挪用，交易商款项被拖欠。创辉租售的"崩盘"原因可以归结为急功近利，盲目自信，内部管理混乱，违规操作严重，盲目扩张。当经营业绩每况愈下、资金链突然断裂时，只能落得"崩盘"的结局。

这说明，企业的经营是一门学问，也是道德实践。儒商的经营谋略，是建立在儒家经济理性的基础之上的，主张公正合法、等价交换、诚实守信、果断灵活，聚货畅流，才能保证儒商企业经营的成功。不讲道德、不讲科学的经营，是儒商所不齿的。

一、公正合法

儒商反对制假贩假，把保证商品的质量作为商家的基本品德。在《孔子家语》中，就有"器不雕伪"之说。范蠡经商强调保证商品质量，绝不把质量低劣的商品卖给顾客。计然说："务完物。""腐败而食之货勿留。"宋人袁采有一篇家训谈到，如果贩米而加以水，卖盐而杂以灰，卖漆而和以油，卖药而易以他物，因假乱真，最终必将是聪明反被聪明误。他说："大抵转贩经营，须是先存心地，凡货物必真，又须敬惜，如欲以此奉神明，又须不敢贪求厚利，任天理如何，虽目下所得之薄，必无后患。"明人温纯也说："务完物，无饰价，无敢居贵，诸贸易至者，知不知，无不人人交欢。"清人石成金把"不卖低价货物，不抬高市价，不用大戥小秤，不谋夺胜利，不卖污秽肴馔"等当作商贾的"功德"。现代儒商也是以公正合法作为经商办企业的第一要义。因此，公正合法，就是儒商经营谋略的基础和前提。

1. 孔子公正合法管市场

孔子任鲁国司寇时，狠抓市场整顿，杜绝不公正交易。有个贩羊的沈犹氏，"但饮其羊，饱之，以欺市人"，孔子当众处罚了这种不义的欺骗行为。孔子任司寇期间，沈犹氏不敢早晨让羊饮饱了增加体重后再出售，公慎氏将作风不好的妻子休掉了，奢侈骄逸的慎溃氏也逃出境外了，市场上的牛马贩子也不敢哄抬价格了。孔子采用的方法是"布正以待之也"，这是说用公正和法律对付那些骗人的市侩奸商，从而维护了市场的秩序。

我国早在先秦时期就有加强市场管理的措施，颁布"伪饰之禁"："用器不中度不粥于市；兵车不中度不粥于市；布帛精粗不中度，幅广狭不中量不粥于市。"

要防止市场垄断和价格欺诈，"使有恒价"。管子更明确地说："是故非诚贾不得食于贾，非诚工不得食于工，非诚农不得食于农，非信士不得立于朝。""诚"就是对商人市场道德的要求。孟子也认为要严惩不法奸商，他批评富商巨贾囤积居奇，垄断市场："有贱丈夫焉，必求龙断而登之，以左右望，而罔市利。人皆以为贱，故从而征之。征商，自此贱丈夫始矣。"这就是说，奸商实为"贱"，对奸商要予以打击。

2．墨业巨商公正待顾客

徽墨"胡开文"是老字号的墨业，传承至今已超六代 200多年，当年几乎占领了大半个中国的墨业市场。在嘉庆年间，胡家墨业第二代掌门胡余德在制墨工艺上坚持按照唐末李超、李延圭父子的"易水法"，每斤松烟中要放珍珠 3 两，玉屑、龙脑各 1 两，再用生漆调和，捣 10 万杵。经过这样复杂细致的加工，才能制成上乘好墨。有一次，胡余德研制出一种在水中可以久浸不散的墨，一位顾客慕名前来购买，在返回家的路上，不慎将墨袋掉入河中，打捞起来后发现墨已开始溶化。顾客前去见胡余德要求退货。经胡余德查问，原来该批墨在生产中未按规定去做，属偷工减料。胡余德立即道歉，不仅如数退给顾客货款，而且以一袋名贵的墨相赠。店里的伙计说，给顾客退货退钱就行了，不必要再送名墨。胡余德说，这样才是公正待人，顾客就没有白跑一趟，可以带着满意的墨回去而不失望，何况还要弥补过失。他告诫所属各店各坊，立即停售并高价收回已售的这批不合格的墨，统统予以销毁。胡余德的做法，赢得了顾客的极好口碑，大家都说胡氏办事公道，有错即改，为人正派。胡氏能够成为墨业巨商,"胡开文"成为中国名墨品牌,与这种公道正派的儒商精神是分不开的。

3."状元实业家"打官司

张謇是清光绪二十年的状元,位至翰林,又深得张之洞的赏识,但他却厌恶当局的腐败,毅然辞官"下海"。他称自己"言商仍向儒",是近代儒商的典型代表。他在筹办通海垦牧公司时,先是遇到了一个名叫赖三的人声称垦牧公司的荒滩是他家的,好在被当地一位德高望重的绅士出面戳穿了泼皮的谎言。但是,一波未停一波又起,在张謇选定的这块滩涂荒地上,有十几户煮盐人无论张謇怎样与盐户商谈,无论条件应允得有多么优惠,这些人就是拒不搬迁。很明显,他们的蛮横态度是盐运使挑拨教唆的结果。张謇看到调停无效,便决定与煮盐户和盐运使打官司,请求用法律解决问题。但是,官司打到通州府堂,甚至打到省衙大堂,他们都有碍于盐运使的关系,导致官司不了了之。有的人劝张謇,你可以利用状元的身份和背后的靠山,打赢这场官司。但张謇坚信法律自有公断。他没有借助自己的关系,一直把官司打到部堂,部堂无法再推诿拖延,只得派官员来处理这件事,官司最终以垦牧公司获胜而告终。在清末民初的年代,像张謇那样具有法律意识,不靠关系,信赖法制的人,真是十分少见。这正好说明了真正的儒商是公正合法、遵规守法的,他们既讲道德,也讲法律。

4. 格兰仕的知识产权意识

知识经济时代，尊重和保护知识产权是公正合法地进行企业经营的重要方面。广东顺德的格兰仕集团在知识产权工作方面起到了表率的作用。这家企业20世纪90年代以前实行"世界生产车间"模式，只会"贴牌"生产，搞苦行僧式的低成本运作。随着企业的发展壮大，格兰仕十分重视科技创新和知识产权，2001年，格兰仕首创将光波技术应用于微波炉产品，从而占据国内近60%、国际40%以上的微波炉市场份额，年销售额200多亿元，连续多年蝉联中国微波炉市场销量、占有率第一以及出口销量和创汇双冠。自2003年研制成功世界首台光波空调，每年格兰仕在空调技术上的投入占到销售总额的5%左右，比一般的空调企业多出2至3个百分点，格兰仕已跃居世界空调的领军品牌。

格兰仕对知识产权的重视主要表现在两个方面。一方面是知识产权的申报和注册。例如，光波技术在空调和微波炉上的应用，就是用专利技术来进行保护的。再如，格兰仕不误时机地抢注彩色空调专利，把色彩看成是消费时尚，能够提升"情绪价值"和消除审美疲劳，从而具有竞争力。一旦格兰仕抢注色彩空调外观专利成功，那么，这种"色彩营销"理念将使竞争对手用同样的色调时就要支付色彩专利的使用费。另一方面，格兰仕十分重视依法维权。例如，2005年末至2006年初，格兰仕的某西班牙客户通过西班牙注册、欧盟注册和马德里联盟注册三种形式，分别向有关当局申请注册了格兰仕的"Galanz"

商标。商标被抢注意味着自主品牌产品出口受限制，格兰仕集团立即对该抢注行为采取法律行动。经过两年的努力，境外商标维权终获胜诉。欧盟异议裁定部驳回对方的注册申请，西班牙法院也判决撤销对方抢注的 Galanz 商标，并去函世界知识产权组织国际局，撤销对方通过马德里联盟抢注的 Galanz 商标。格兰仕集团对知识产权的重视，使之成为"中国最具影响力百强创新企业""全国知识产权试点企业"和"广东省知识产权示范企业"。

二、等价交换

交换公平是经济公平的一个重要方面。对于交换公平，古今儒商都是十分重视的。正如清代商人石成金所言："生意全凭公道导，货真价实莫欺人。"民间所谓"一分钱一分货"，也反映了等价交换的市场原则。同时，等价交换既是交换原则，也是经营谋略，不仅不会伤及他人的利益，而且会给自身带来利益。除了捐献助人的慈善行为，在经营中如果不按等价交换，而搞投机取巧，最终将落得名利两空的后果。

1. 不同等次不同价

许多粗放型的经营，往往把不同等次的商品混合在一起售卖，甚至有的无良商人把劣等商品当作上等商品卖给顾客，丧

失了商品经济、市场经济等价交换的原则。常言道："一分钱
一分货。"许多儒商懂得这个道理，他们把不同的商品按质论价，
既体现了公正，又多赚了利润。

在清代，当时茶商收购和批发出售茶叶，往往好坏混杂。
徽州茶商"江祥泰茶号"从徽州贩卖茶叶到广东，再由广东销
往海外。江氏一改常人的做法，他们收购尚未分出等次的茶叶，
加工成毛茶后，又进一步做深加工，根据不同的毛茶质量和加
工方法，制成各种花色品种的成品茶，精心包装后，以不同的
价格向国内外客商出售。由于"江祥泰茶号"的茶叶分等，按
质论价，深得顾客的喜爱，生意量大增，他们每年要加工茶叶
两三万斤，成为茶业巨商。

煤炭大王刘鸿生也是这样做的。当时上海的煤炭市场竞争
激烈，开平煤炭极难推销。刘鸿生注意到，这是由于开平煤炭
没有分等，将劣质煤掺入其中，好坏搭配一个价，用户并不欢
迎。于是，刘鸿生便改弦易辙，把统煤分级出售，按质论价，消
除了以次充好蒙骗顾客的嫌疑。从此，许多厂家开始用上了钱
货相当、保质保量的开平煤炭，上海的销路就这样打开了。

2. 一分汗水一分收获

曾宪梓 1961 年从中山大学生物系毕业，分配到广东省农
业科学院生物化学研究所工作。1963 年，在泰国的哥哥要曾宪
梓带着母亲到泰国去。到泰国后，曾宪梓了解到哥哥正在与叔
父发生争执，原来曾宪梓的父亲有两间百货店给了叔父，哥哥

希望与曾宪梓一道向叔父要回财产。曾宪梓明确地表明态度，上一辈的财产是上一辈劳动的成果，我一分钱都不会要，我要做的是自主创业。在曾宪梓的调停下，终于亲情胜过钱财，叔父和哥哥也对曾宪梓刮目相看。

然而，创业之初，曾宪梓并没有资金。他从同乡那里借来缝纫机，独立制作领带。由于没有本钱购买原材料，只能帮人做些手工活，生活极为艰难。叔父有意帮助他，拿出 5000 泰铢（相当于 1000 港元）送给他，曾宪梓坚辞不受。一天，叔父给他一批英国黑丝料子，要他加工 60 打领带。曾宪梓夫妻两人昼夜不停地忙碌，保质保量地完成了任务。当他交货时，叔父仔细验收了领带，十分满意，给了曾宪梓相当于 1 万港元的工钱。曾宪梓接过工钱点数，当数到 900 元时，他把剩余的钱退给叔父。他说："叔父，我开价只是每打 15 元，60 打正好 900 元，多余的我不能拿。"叔父不高兴地说："这是工钱，你一定要收下。"叔侄推让不下，叔母只好说："宪梓呀，你叫我们怎样才能帮你呢？我们知道你的为人，送钱给你不收，才采取这种办法的。"曾宪梓说："叔父叔母的好意我心领了。我的性格历来是无功不受禄，你们给领带我加工，就已经是给机会帮我了，我真的感激不尽。多余的钱我不能要，请叔父叔母理解。"曾宪梓就是这样，凭着自己的努力，一分汗水一分收获，打造出"金利来王国"这一"男人的世界"。

3．恶性竞争酿恶果

前些年，上海的几家牛奶公司竞相压价，将原来卖约7元的盒装牛奶，压得低于4元多的生产成本价，以3元左右便卖出。因为有的牛奶公司想以降价挤垮对手，然后再涨价。这样的竞争就是恶性竞争，不利于保证牛奶的质量，商家一天要换几次价，影响信誉。后来，上海的物价部门规定，不能低于生产成本和销售成本价之和，但可以有10%的浮动，以利竞争。作为经济活动，不盈利肯定是有目的、有原因的，在这个例子里，就是不正当竞争的结果。

4．用《弟子规》规范企业竞争

2009年4月1日至4月2日，香港卫视凤凰台"锵锵三人行"节目连续两天邀请了一位企业家做嘉宾，这位企业家的特点是用《弟子规》经营企业。他说，现在商家之间的竞争许多是恶性竞争，那边已经降到4300了，你怎么着？我就赌上气了，你4300，我4200，另一个4100了，我再降到4000，一直压到成本价之下。为了抢生意而签合同，其结果肯定是质量得不到保证。他举了自己的一个例子，他的业务是为新开发的房子安装壁炉，给客户提供的合同都有配置单，除了主机之外，另外的附件配置一根一米的烟管和90度的一个弯头。实际上，这批房子烟筒的位置距壁炉挂的位置超过1米，必须增加烟管。但是在签合同时，他明知道这种情况却不说出来，等合同签了，开始装炉子了，才说要另外增加钱。这等于玩了一个圈套，签了城下之盟，因为房子的相关位置都是按这种炉子设计的，而且这时工程马上要完工交房子了，开发商无法选用别人的壁炉。于是工程部挨了批评，老板指责预算时为啥没算清楚，增加了50万元的烟管，工程部经理也挨批评，工程部、预算部、合同执行部、安装部的奖金全都受影响。从经济上算，多卖的烟管除去一半的成本才挣20万元，但下一个合同要安装5000台壁炉，每台可挣1000元钱，一共可挣500万元。由于上次的圈套，安装壁炉的合同就再也拿不到了，为了赚这20万元的烟管，丢了500万元的合同。事实为这个企业家上了一课，后来他学了《弟子规》，儒家的行为规范使他弄清了其中的道理。《弟子规》上说"凡取与，贵分晓，与宜多，取宜少"，如果搞不正当的竞争牟利，后果会很严重。他还在《弟子规》中学到了"人有短，切莫揭；人有私，切莫说"，要求销售人员在推销时绝不说竞争对手的坏处、短处。销售员手中的材料只有一张纸的内容介绍炉子，其他的都是《弟子规》等中国传统文化的资料，作为礼物送给客户。由于按照《弟子规》去做，企业的名声好了，业绩连年上升。

三、诚实守信

"言必信，行必果，诺必诚"是儒商的特点。自然经济条件下的商品交换，几乎都是在"熟人"的圈子里进行的，因而"买卖公平""童叟无欺"是儒商最为突出的经济公平原则。儒商信奉"店誉贵似金","人无信不立,店无誉不兴","千金易获,信誉难得","笨拙的店主只知赚钱,聪明的店主最重'信誉'""店门八字开,信誉引财来","商店信誉胜万金,一举一动要留心"。儒商强调对顾客负责,尺寸满,斤两足,实打实。那些缺斤少两、虚妄不实的人则被视为奸商,遭到人们的痛斥。在现代市场经济条件下,诚信仍然是经营之本。

1. 诚实守信的古代儒商

据传,古代有个叫涂龙的人,与妻子开了个夫妻酒店。涂龙为人厚道,讲究信义,经过几年的苦心经营,受到顾客的夸奖,生意兴隆。一次,涂龙外出,妻子采用往酒里掺水的办法,多赚了不少银子。丈夫回家知道这件事后,气得放声大哭起来。妻子不解其意,丈夫边哭边说:"谁让你丢了我的信誉,毁掉了我的道义呀!"

徐珂在《清稗类钞》中记载了"蔡勉旃还亡友钱财"的故事,可以看作古人信守诺言的佳话。在朋友已死,又没有立契约的情况下,面对千金之财,蔡勉旃仍能坚守诺言,不背信弃义,也不见利忘义,毅然把千金还给亡友的儿子。

朱子桑梓之邦的徽州商人"贾而好儒",在做生意的过程中,始终坚持"以诚待人,以信为本","童叟不欺,市不二价",摒弃不法商人惯用的"奸""诈""骗""欺"的聚财手段。著名徽州商人吴南坡,因遵循"人宁贸诈,吾宁贸信,终不以五尺童子而饰价为欺"的原则,赢得了顾客的信任,以至人们入市买货，"视封识为坡公氏字，辄持去，不视恶精长短"。歙商江氏，以信用为商人立命之基，世代守之不怠。清朝婺源茶商俞镇璋贩茶卖给洋商，许诺广州一家茶行为代理。几年过后，由于该茶行欠洋商债务过多，其他茶商恐受连累，纷纷另投别行售茶。但是，俞镇璋不背故交，仍托该茶行代理。恰逢洋行更换了总商事，新任者与该茶行主人交情颇深，令洋商不得催债，并优先从该行购茶。其他茶商探得该茶行时来运转的消息，纷纷争来投行。但茶行主人唯对俞镇璋处处给予方便，因而他很快便成了巨商。

2. 胡庆余堂的"戒欺"匾和"金铲银锅"

胡庆余堂是指"胡庆余堂国药号"，是中国近现代著名的医药店铺，也是闻名遐迩的"江南药王"，由清末著名"红顶商人"胡雪岩于清同治十三年（1874 年）在杭州创建。创业伊始，胡雪岩即在营业大厅门楣上镌刻上"是乃仁术"四个大字。胡庆余堂制药遵守祖训："采办务真，修制务精"，所生产药品质量上乘，在竞争上提倡货真价实，"真不二价"。"真不二价"横匾至今还悬挂在国药号大厅。尤能使胡庆余堂人鉴心明意的是至今仍挂在店堂内侧的"戒欺"匾，其云："凡百贸易均着不得欺字，药业关系性命，尤为万不可欺"，"采办务真，修制务精"，寓托了儒商的职业道德和对质量的执着追求，这是胡庆余堂以"江南药王"饮誉百余年的立业之本。

"局方紫雪丹"是胡庆余堂创制的一味镇惊通窍的急救药，

在制作时其中一味药易与一般金属发生化学反应。为保证药品疗
效，胡雪岩不惜花费黄金 133 克、白银 1875 克，制成"金铲银锅"，
专门用于"局方紫雪丹"的生产。"金铲银锅"现保存完好，成为
佐证胡庆余堂品质、信誉最生动的广告和医药行业的珍贵实物。

胡庆余堂的"戒欺"匾和"金铲银锅"

3．包玉刚将信誉比作"签订在心上的合同"

现代儒商包玉刚把信誉比喻成"签订在心上的合同"，认
为："签订合同是一种必不可少的惯例手续。纸上的合同可以
撕毁，但签订在心上的合同撕不毁。"他曾经说过："如果在金
钱与信誉的天平上让我选择的话，我选择信誉。"包玉刚重信
誉、守信用的品格在香港商界、实业界、金融界是有口皆碑的。
他那"言必信，行必果"的豪爽作风，使其朋友满天下。他争夺
香港最大的码头——九龙仓的控股权，就是以其在香港银行长
期良好的信用记录，与英国财团展开了一场收购与反收购战，
在短短的几天里，调动了 20 多亿元现金，从而赢得了这场号称
世纪收购战的胜利。

包玉刚将信誉比作"签订在心上的合同"，信守的就是儒家传统文化所固有的理念。孙中山曾经认为"中国所讲的信义，比外国要进步得多"，他用商业贸易的例子来说明，指出中国人谈交易，彼此间不需要订立契约，只要口头上谈妥了，便有很大的信用。"所以外国在中国内地做生意很久的人，常常赞美中国人，说中国人讲一句话比外国人立了合同的，还要守信用得多。"这就是因为中国人的信誉是"签订在心上的合同"，当然比签订在纸上的合同管用得多。包玉刚就是信守"心上的合同"的儒商代表。

4．缺乏诚信的百事可乐

1992 年，美国百事可乐公司为了在菲律宾促销产品，举办了一次有奖销售活动。开奖方式为依据瓶盖上的数码，中奖者少则得 100 比索（菲律宾法定货币单位），多则百万比索。然而，出乎主办者的预料，1992 年 5 月 25 日，晚间新闻节目宣布：持有印"349"号码瓶盖的人，可获 100 万比索的巨奖。而印有"349"号码的瓶盖却有 80 万个之多。此时，主办方言而无信，以电脑打印数码出错为由，否定了此中奖数码。这样一来，中奖者先是失望，后又由失望转为愤怒，团团包围了主办公司，还有几百人将其告到法院。主办者为了平息风波，对无论哪一级的中奖者，一律付给 500 比索进行安慰。结果，百事可乐因这次不诚信的举动，在菲律宾的销售一落千丈。

其实，并不是说外国的企业不讲诚信。实际上，许多成功企业最基本的经营理念,就是讲诚信,即便错了,也要自己承担后果。美国的戴尔公司是全球领先的 IT 产品及服务提供商,有一次因为自身失误错报产品价格,导致许多消费者蜂拥而至趁低价购买,最终戴尔没做任何申辩,还是以低价卖给买家。这就是一家企业的诚信道德。有顾客在戴尔服务人员回访时发了几句牢骚,过后就收到光电鼠标作为赔礼道歉。这些大小的事件说明,这不就是一家注重诚信品德的企业嘛。

5．三九集团的诚信回报

在经济交往中,只要你对自己的行为负起责任,诚实可信,就能够得到对方的信任。著名的深圳三九集团所属三九贸易公司与法国塞利宝集团贸易公司合作贸易项目,在结算时,对方少收了七万法郎。三九贸易公司总经理王淑兰发现后,立即通知对方,并将少收的款额分文不少地补给对方。塞利保集团总经理希尔为此大受感动。他认为"三九"是一个诚挚可信的经济合作伙伴。正所谓"投我以桃,报之以李",三九贸易公司的诚实之举赢得了对方追加的两项优惠条件:一项是今后发放给三九贸易公司的供货一律不收定金,并可货到半年左右再付款;另一项是,塞利宝集团贸易公司向法国政府申请信贷 2.3 亿法郎,供其与三九集团创建中法合资分厂使用。而且,三九贸易公司还赢得了法国市场的良好口碑。对此,塞利宝集团总经理希尔说:"这是付给'三九'人诚实的报酬。"可见,诚信不仅是经营的道德,也是企业一举成功的条件。

四、果断灵活

儒商的特征是"以德经商"和"以智经商"的统一。道德与智慧的结合，是企业经营不可战胜的法宝。儒商之所以往往是成功的商人、企业家，就在于他们有道德与智慧结合的素质，能够捕捉信息、抓住机遇、灵活应变、果断决策、笃实执行、"言必信，行必果"，从而取得事业的成功。瑞蚨祥提出"六如商法"，一是捕商机如猛兽执鸟之发，二是窥商情如猎户巡山之游，三是趋市场如千军哨马之探，四是欢店门如琼楼玉宇之饰，五是巧竞争如将飞者之伏翼，六是善取予如犒劳得胜之师。"六如商法"简明地概括了儒商果断灵活的经营谋略，并成为店训和秘诀代代相传。

1. 徽商阮弼开创纸业的秘诀

明代安徽歙县人阮弼原本家境贫寒，来到芜湖经商。芜湖是当时中国的一大商业要地，各业都很发达。但阮弼发现，唯有纸业几乎无人经营，他认为其中必有商机。于是，他开设了一家批零兼营的纸店，果然利润达到数倍。后来，他慢慢发现彩色纸销路很旺，就决定开设染坊，自行生产彩色纸，其彩色纸质优价廉，很受市场欢迎，各地客商前来采购，财源滚滚而来。随后，他又如法炮制，在江苏、浙江、湖北、河北、河南、山东各地开设纸铺和染坊，成了著名的纸业巨商。这就是徽商阮弼果断灵活的商业谋略，是儒商重要的经商秘诀。

2. 冒险一搏的"印尼钱王"

现代儒商、被人们誉为"印尼钱王"的印度尼西亚华人银行家李文正，祖籍是中国福建的莆田。李文正在多年前创业打天下时，手中仅有2000美元。从2000美元起家最后发展到拥有几十亿美元，这无疑是一个经营奇迹。奇迹的发生源于一个误传，李文正几年的工作只赚了2000美元，但不知什么原因，这2000美元的存款竟被传成了20万美元。当时，印尼麦克默朗银行因为财务危机而濒临倒闭，银行负责人打听到李文正手上有20万美元在寻找投资机会，便上门求助。李文正敏感地意识到，这是一个挤入银行界的好机会！真是千载难逢，机不可失！他并没有如实地告知自己只有2000美元，而是大胆地答应了对方的要求，并提出自己的条件：注入20万美元后，他可以获得优先认购银行20%的股权，成为董事会成员，并由银行额外支付一笔营业资金。李文正的大胆一搏，并不是无知无畏的蛮干，他想到了在印度尼西亚的为数众多的莆田同乡。随后，李文正在同乡那里东拼西凑出20万美元，加入了麦克默朗银行。从此，李文正跻身于银行业一显身手，大展宏图。直到一段时间以后银行经营好转了，原先的那几位负责人才知道这其中的真相。他们不仅没有感到自己受到了欺骗，反而觉得是李文正在危机时伸出了援助之手，对李文正大将般的果敢勇气更为敬服。李文正的经营谋略赢得了极大的社会声誉，不仅民间誉其为"印尼钱王"，《亚洲金融》杂志也推举他为"最杰出的银行家"。

3．包玉刚果断"减船登陆"

现代儒商、"世界船王"包玉刚的"登陆战"，其决策就是十分果敢的，而其勇于将决策付诸实施，更是胆量过人。他在航运业处于巅峰时期，就敏锐地预测到世界航运衰退的前兆已初露端倪，做出了"减船登陆"的决策。他把目光聚焦在香港最大的码头——九龙仓。当时九龙仓是香港四大英资财团之一怡和洋行的掌上明珠，也是一家上市公司。包玉刚与香港地产大亨合作，收购了九龙仓的30%的股票。怡和洋行趁包玉刚出访欧洲之际，开始了反收购，并把反收购的目标定在49%的股权上，进可攻，退可守，还用每股100元的高价购买当时市价为50元左右的九龙仓股票。包玉刚得知消息后，立即秘密返港，利用自己良好的信誉，调集了21亿港元，以每股105元的价格，仅在1小时之内，就将九龙仓的控股权掌握了。当包玉刚召开庆祝胜利的记者招待会时，怡和洋行还以为包玉刚仍在欧洲旅行呢。人们惊叹地评价："包玉刚以迅雷不及掩耳之势，打了一场漂亮、干净利落的世纪收购战。"这就是果敢决策，勇于付诸实施，从而取得竞争的优势。

4．"中国魔水"是怎样问世的

"健力宝"被誉为"中国魔水"，它的问世，是"健力宝"人善于捕捉机会，果断决策、灵活应变的成果。1974年，广东体育科研所接受国家体育委员会的委托，研制出了一种含碱性电解质的保健饮料配方，由于存在投资风险，还没有一家饮料厂愿意接手投产。广东省佛山市三水酒厂的领导无意中听到这件事后，对这一信息高度重视。后经仔细研究，发现这种饮料的功效既有保健作用，更能补充体能和消除疲劳，填补了国内空白。机不可失，时不再来，酒厂的决策者果断决定研制运动饮料，带领科研人员历经 10 个月 120 多次反复试验，终于开发出了"健力宝"配方。这时，正逢中国参加第 23 届洛杉矶奥运会，酒厂领导立即意识到这是一次千载难逢的机会，积极参加国产饮料评选，"健力宝"被指定为中国参加奥运会的首选饮料。就这样，300 箱"健力宝"运到了 1984 年洛杉矶奥运会上。在奥运会开幕前的记者招待会上，一位日本记者询问"健力宝"的情况，我们的回答是："且看女排比赛结果。"随着女排获得金牌，日本记者戏称功劳在于喝了"魔水""健力宝"。从此，人人喜喝"健力宝"，"中国魔水"誉全球。

五、聚货畅流

儒商之职在于"商"。有人把"在商言商"当作是商界可以"利"字当先，无法无天，这实在是对商人本分的歪曲。儒商的本分就是要发展经济，开拓市场，就是儒商们常说的"聚三江之财，取四海之利"，"买卖兴隆通四海，财源茂盛达三江"。市场经济就是要聚货畅流，"通四方之物"，"近者悦，远者来"，不仅本地的人心情愉快地做生意，也要设法让外地的商人来本地做生意。如果在商品短缺的情况下囤积居奇，哄抬物价，见风涨价，牟取私利，为此而丧失了人格，丢尽了信誉，就会被人们视为不仁不义的奸商，留下骂名，遭人唾弃。

1. 重视市场流通的孔子

如果说市场的功能是"通四方之物"，那么，市场本身也要"通"。早在成书于两汉之间的《周礼》中就规定，要加强市场管理，对市场上供应的重要商品，没有的要使其有，有利于人的要使其增多，有害的要加以排除，奢侈品要使其减少。当时还设置官吏"贾师"来评定价格，管理市场。孔子主张扫除自由商业的障碍，他曾指责鲁国大夫臧文仲有"三不仁"，其中第二个不仁就是设置"六关"以阻碍商人的贸易。由此，他主张为政应优化经营环境，做到"近者悦，远者来"。《孔子家语》也记载孔子曾向鲁哀公建议"废山泽之禁，弛关市之税，以惠百姓"。孟子也提出要"废山泽之禁"，"去关市之征"。

按照儒家对市场本身的建设提出的基本要求，与市场经济所要求的基本规范是一致的。在现实生活中，会出现坑蒙拐骗、欺行霸市的行为，一些地方设关建卡，不允许生猪、粮食等出境，只能到本地甚至指定市场、指定部门销售，可谓强买；一些商贩，只要你在他的商铺问价甚至站一站，就必须买他的商品，否则就大打出手，可谓强卖。这些人与强盗相差无几，是现代意义上的"市场强盗"。建立健全各种市场法规，对市场上存在的违法经营、偷税漏税、假冒伪劣、坑蒙拐骗、哄抬物价、欺行霸市等行为进行揭露和处罚，才能维护市场的良性运转。

2．人弃我取，勇于开拓

在明代，山西蒲州人外出经商，大多数西至秦陇，西南至蜀，东至淮浙，很少东走青沧，即不愿到青州（今山东青州）和沧州（今河北沧州）做生意。一个重要原因是这两个地方属明代的长芦盐区，盐行归直隶和河南下属二府管辖。由于盐吏官僚与地方豪绅上下勾结，长芦盐区的运销不能正常进行，商人纷纷离去，不敢涉足。有一个蒲州商人名叫王海峰，一开始也是按照上述安全路线经商，一段时间以后，他觉察到这些地方经商盈利不多，而青沧之地是春秋时齐国管仲坐收鱼盐之利的地方，陶朱公也是在此致富千金。王海峰以其雄才大略，毅然决然地到青沧开拓。来到沧州以后，他先熟悉盐区的盐政，了解运销历史，找出经验教训，然后向政府提出了如何整治盐政，严禁走私的建议。经过整顿，这一盐区的运销又繁荣起来，盐商们随之蜂拥而至，盐税收入也因此比过去增加了 3 倍多。而先期开拓长芦盐区市场并做出贡献的王海峰，自然就成了这一盐区著名的富商。王海峰成功的秘诀，就是儒商鼻祖范蠡所实行的"人弃我取，人去我就"之策，这样就能开拓市场，从风险收益中赢得更大的利益。

3．从"金狮"到"金利来"

领带大王曾宪梓在制作领带的初期，一直都是借用哥哥工厂的商标"金狮"牌。在 1969 年夏季的一天，他去看望一位来自潮州的朋友，顺便带了两条"金狮"牌的领带作为礼物。朋友开始还喜笑颜开地接过领带，但当他看见领带上的"金狮"商标后，马上脸色大变，随即将领带还给了曾宪梓。曾宪梓起初还以为是朋友在客气，坚持要他收下。潮州朋友无奈，只好讲出实情。在赌风盛行的香港，这位朋友特别喜欢赌"马"、赌"六合彩"，当然特别喜爱有好兆头的吉祥物品，且特别忌讳不祥的物品和语词。"金狮"一词在广东话的发音为"金输"，金钱都输掉了，还图什么！所以，这位朋友认为相当不吉利。他建议曾宪梓换一换领带的牌子。这才使曾宪梓恍然大悟，原来"金狮"的牌子在语音上犯了大忌，肯定有相当多的顾客不欢迎。于是，曾宪梓苦思冥想，终于敲定以"金利来"三个字作为领带商标的中文名，"金利来"——金钱和利益一起来，这不就大吉大利了嘛！1969年秋天，他重新注册了商标，从此，"金利来"成为响当当的领带名牌。这一名牌的诞生，说明产品要走向市场，得到用户的欢迎，成为名牌，就一定要了解顾客，了解社会，了解文化。

4．冲破"配额"创大业

被誉为"牛仔裤王"的旭日集团的董事长杨钊，他在"旭日"初升、事业刚刚起步之时，面对主要销售到欧美市场的香港服装业受到"配额"的限制，出现僧多粥少的竞争局面，便思考怎样才能越过配额的鸿沟。杨钊灵机一动，决定走出香港闯世界。他环视香港四周，只有菲律宾是冲破配额的突破口，而且那里的劳动力和厂房也比香港廉价得多。1976年，29岁的杨钊亲自带领"旭日军团"挺进菲律宾，不仅打开了菲律宾市场，而且以香港为总部，将市场扩大到新加坡、印度尼西亚、孟加拉国、危地马拉等国家，共有 80 多家旭日的下属和联营企业遍布全球。杨钊事业的成功，获得了"香港青年工业家"奖。杨钊的做法，实际上就是儒商一贯采取的灵活机动的市场策略，"遇到红灯绕着走"，条条大道通罗马，从而开拓了市场，做大了企业。

从儒商的经营谋略可以看到，最首要的是应当树立"以民为本"的服务观，正如著名的冠生园的创始人冼冠生说："顾客是我们的衣食父母。"这对商家具有生死攸关的重要性。另一个法宝是"诚信"，富兰克林所说："信用就是金钱。"这在现代市场经济中也是不可或缺的经营原则。其实经商办企业如同做人一般，人的礼义道德品质对经商办企业同样需要。没良心的商家别以为自己谋略过人，占尽便宜，到头来最终还是砸了自己的招牌。

儒商的管理智慧

儒商的管理智慧具有浓厚的以儒家为主干的中国传统文化色彩。正如人们所说的"半部《论语》治天下"，这部儒家经典包含了丰富的管理哲学和智慧，在中国两千多年的传统社会的管理实践中起着指导作用。儒家管理思想以德治为标识，而法家思想以法治为标识，在治国实践中，总是阳儒阴法，儒法并用，德法互补。老子的《道德经》主张"无为而治"，至今仍被视为最高超的管理境界。而《孙子兵法》也被应用于现代商战，列入哈佛商学院教程，奉为管理学的"圣典"。儒商应用以儒家为核心的中国传统管理文化，达到炉火纯青的地步，从而赢得其事业的成功。

一、敬谨执事

儒家主"敬"，强调"慎思笃行"，这体现在经济伦理上，就是儒商提倡的爱岗敬业、脚踏实地、一丝不苟、注重质量的职业道德。儒商不仅要求被管理者做到"敬谨执事"，而且自己首先带头垂范，他们是敬业的典范，也是质量的保证。

1. 鲍志道应聘

徽州歙县鲍氏家族是明清时期徽商的重要代表，鲍志道就是鲍氏家族的著名盐商。鲍志道是学徒出身，青少年时期先后到江西鄱阳、浙江金华和湖南等地学习经商管账。当他20岁时来到江苏扬州，当时的大盐商吴尊德急需物色一名精明能干的经理，鲍志道前去应聘。吴尊德对前去应聘的人进行了一次别开生面的考试。他要应聘者先通过会计科目的考试，考试后，吴尊德说大家辛苦了，让伙计给每个人端来一碗馄饨。吃完后，吴尊德宣布第二天再举行加试。第二天，大家都来应试，吴尊德只出了一道题目，他要求每个人回答昨天各人吃的馄饨共有几只，又有几种馅，每种馅各有几只。这一下，其他的几个应聘者都傻眼了，一个个瞠目结舌的。只有鲍志道回答得完全正确，于是他被聘用了。这就是因为鲍志道办事十分缜密，对什么事都精心处之，眼到心到，而这种精明细心的素质也就是他成就事业的基础。

2. 松下电器的一丝不苟

儒商视产品质量为生命，十分重视质量管理。日本松下电器的创始人松下幸之助是个日本儒商，他有一个质量公式：$1\% = 100\%$。意思是说，厂商 1% 的次品对消费者来说就是 100% 的次品，犹如"一只苍蝇会坏一锅粥"，1% 的次品会将 99% 的优质品圈入耻辱的次品圈。只有推行这种"零缺陷"管理，才能使消费者心悦诚服，产品和服务才能获得更大的市场份额。他认为，从质量管理的情况，可以看出一个企业家管理水平的高低，也可以划分整个企业的优劣。

3．劳模张秉贵的敬业精神

张秉贵

劳模令人钦佩的是精神，而许多劳模实际上秉承的是以儒家为主干的中华民族优秀传统文化。虽然我们不能完全地将所有的劳模与儒商等同起来，但劳模所秉承的中华民族优良传统与儒商精神是一致的。学习劳模的先进事迹，有助于我们了解儒商精神和儒商文化。以已故劳模张秉贵为例，他是北京市百货大楼的一名售货员。20 世纪 50 年代，张秉贵当上了售货员，便爱上了自己的职业，并立志为商业服务添光加彩。他先被安排在糕点组，为了缩短顾客等待的时间，他快装快包，没有多长时间，他便练就了高效率的售货速度，评上了先进标兵。后来，他又调到糖果组，这里的顾客更多，买卖频繁，于是，他就琢磨在争分夺秒上下功夫。他总结出了"接一问二联系三"的工作法，内容是：在接待第一位顾客快要结束时，便问第二个顾客买什么，买卖双方预先有个思想准备，同时与第三位顾客打招呼，请他也做好准备。这样一来，售货效率大大提高了。为了更快更好地为顾客服务，他经过反复摸索，把每次售货的过程归纳为"问、拿、称、包、算、收"六个环节，并在每一个环节上想办法、挖潜力。其中，称糖需用的时间伸缩很大，如果拿不准，需反复多次，白浪费顾客许多时间，于是，他下决心练就了"一抓准"的本领。糖果的品种很多，价格各异，售货员如果记不住，就需要回头看价，这样，一天至少要浪费一小时。为此，他又下决心牢记各种糖果的价格，经过反复苦练，终于练就了"一口清"的本领。他几十年如一日，在售货员的岗位上创造了一流的业绩。他还提出热情服务"三守则"：第一，进入柜台就是进入战斗岗位，必须全神贯注，眼、耳、口、手、脚和脑六部机器同时开动，任何原因不得懈怠；第二，不把个人的麻烦事和不愉快的情绪带进柜台；第三，以热对冷，化冷为热。这就在实际服务中体现了和气生财的原则，是保证商家客源的成功经验。人们深深地怀念这位"主动、热情、诚恳、耐心、周到"的售货员，中华全国总工会等部门联合在北京市百货大楼前为他立了一尊铜像，陈云同志亲笔为其题词："'一团火'精神光耀神州"。

二、恩威并重

儒商在管理方面既重视道德，又重视行规、店规，对员工关心爱护与严格管理并重。例如，儒商著作《生意世事初阶》对于学徒，就要求"要守规矩，受（店规）拘束。不以规矩，不能成方圆，不受拘束，则不能收敛深藏"。一旦违规，掌柜、师傅"教你成人，骂也受着，打也受着"。《工商切要》把订立行铺章程敬公罚私、奖勤责怠、褒智教愚作为兴店之方。儒商总是把行规、店规内化为经商者的道德，让他们（包括伙计和店主自己）自觉遵守。

1. 卢作孚的管理要诀

近代儒商卢作孚引进西方科学化管理的方式，不仅亲自撰写了《工商管理》等著作，更重要是在管理实践中建立了一个大体适应近代大型航运企业的管理机构，形成了一套公司内部行之有效的管理制度和井井有条的工作秩序。他创办的民生公司制定了一套极其周详的考绩规定，项目有27种之多，考绩的范围包括工作、品行、言语态度和仪表四个方面。言语态度中包括朴实、和蔼、敏捷、清楚4项，仪表中包括服装、证章、头发、胡须、指甲、帽子、牙齿7项，对迟到、早退、旷工、请假、怠工、嬉戏、斗殴、酗酒、损坏公司财物等，都有明确的罚则，违者轻则记过，重则开除。他还制定了各种单项的规章制度，如请假规则、物品借还制度等。他公布了奖惩规程，并用禁令和查禁等办法，要求职工不嫖、不赌、不吸鸦片、不做私生意、不贪污受贿、不拿旅客财物等，以杜绝不良习性，培养职工忠于职守、遵守纪律的精神。对表现好的职工实行精神奖励与物质奖励并举，或是赠送毛线等物质，或发给年终奖和"职工特别优待股"，提供各种福利、补贴。公司还实行"年功加俸"制度，增加薪津以成绩为标准，即每年给职工加薪一级，成绩特别优异者，可加俸2—3级。公司还实行福利制度，以"新的集团生活"，"振作职工之精神"，让员工感受到民生公司是"群的事业"，是"民生精神"的场所。可见，卢作孚的管理要诀是奖惩并举、恩威并重的"两手抓"的管理方式。

2. 张元济严格规定用人制度

近代出版商张元济创办商务印书馆，奉行以德治馆，以身作则，反对"利在前而后从事于学"的出版商，认为出版机构要"注意培植人才，不专在谋利"，"宜多出高尚书，略牺牲营业主义"。为了管理好商务印书馆，在用人方面，张元济规定在本馆任较高职务的人员，亲属一律不得吸收为本馆员工，认为"子弟席父兄之余荫，必不能如其父兄之知艰难。不知艰难之人，看事必易，用钱必费"，"满清之亡，亡于亲贵；公司之衰，亦必由于亲贵"。他不仅自己不让留学归来的儿子进商务印书馆，而且商务印书馆的创始人之一的鲍咸昌想让儿子进商务印书馆的印刷厂工作，张元济也持反对态度，他写信给鲍咸昌做说服工作："吾兄手创商务印书馆，勤劳已二十五年。弟亦追随二十年，致今日有此成绩。吾兄极爱公司，弟亦不敢不爱公司。故于公司利害有关之事，不能不言。人人都有儿子，都进公司，恐不成话。"并提出要共同办好商务印书馆，"实心办事，公正无私……为中国实业造一模范"。张元济把商务印书馆的各项事务管理得井井有条，使之成为中国出版界的骄傲，著名作家茅盾曾评价张元济为"有远见、有魄力的企业家"。

3．管理大师的"两手抓"

获"中国经营管理大师"称号的山东晨鸣纸业集团股份有限公司原董事长陈永兴，就善于用规章和道德的"两手"来管理企业。一次，一位女工上班迟到2分钟，按规定要罚款10元。若缴款不及时，拖延1小时就要加罚1倍，结果罚款按时交上。陈永兴没有就此了事，而是趁中午下班时去女工家探望，了解到女工的孩子前一天刚在医院动过手术，女工迟到事出有因，他马上用自己的钱给孩子买了滋补品，并为女工提供了一些照顾孩子的方便条件。该女工对领导的理解和同情十分感激，也决定今后决不违反规章制度。

儒商实行"以人为本"的原则，一方面，制度是铁打的，必须执行；另一方面，特殊情况要人性化处理。规章的"冷"和人心的"热"的有机结合，就是儒商人本主义的管理哲学。

三、平等竞争

真正的儒商是不怕竞争的，反而希望在竞争中求生存、求发展。商战重要的法则之一是竞争，不竞争就不能进步。儒商主张的竞争方式是公平竞争，反对恶性竞争，"其争也君子"。竞争的目的是"和而不同"，达到互相促进，共同发展。儒商的谦逊忍让与竞争是不矛盾的，真正的儒商将二者的关系有机地结合起来，谦让的人格与竞争的精神达到了统一。当然，也有的儒商过于谦让，影响合理的竞争，这也是应当予以注意的传统儒商的缺陷。

1. 古代儒商"货比三家"的竞争理念

中国传统的商业格言"货比三家"，"不怕不识货，就怕货比货"，这既是儒商提倡的有利于顾客的口号，又是商家竞争的原则。汉儒班固说："商贾求利，东西南北各用智巧"，说明了智谋在商业竞争中的作用。宋儒林逋说："良贾不与人争买卖之贾，而谨伺时"，说明商人不应只在价格上竞争，而应在时机上竞争。《商贾一览醒迷》说："客货俱是一样，人来买者，取此舍彼，理势固然。若直对同货之客，言价言银，是谓指彼卖货，而我货不无沉滞。虽同来之客，相处最厚，亦向主家讨好，暴人之短，是以意亦参差也。"这说明了价格情报在竞争中的作用。

儒家的"和而不同"的哲学观，可以转化为市场经济竞争的方法和目的。从企业的具体竞争来说，应当立足于"人无我有，人有我强，人强我精"，即发展质量、品牌、品种、规格以至于外观、造型、设计等各方面的多样性、独特性、先进性，从而取得竞争的主动权。

2. 状元实业家主张良性竞争

企业的竞争是不可避免的，儒商从不惧怕竞争，而是强调竞争。近代儒商张謇享有"状元实业家"美誉，他"愤中国之不振"，以儒家"天地之大德曰生"办"大生纱厂"，就是要与洋纱洋布竞争，"制造土货，以抵制外人之计"，"通州办设纱厂，为通州民生计，亦即为中国利源计"。难能可贵的是，在那个年代，张謇就重视以法制规范竞争。他认为实业的竞争"当乞灵于法律"，在担任政府农商总长的两年多时间里，主持制定了二十多项经济法规和条例。他反对不讲法律和道德的恶性竞争，指出："重利轻义，每多不法行为，不知苟得之财，纵能逃法律上之惩罚，断不能免道德上之制裁。""与其得贪诈虚伪的成功，不如光明磊落的失败。"为了竞争取胜，张謇重质量、守诚信，做到"货必尽美""期约必坚"，使"大生"产品在万国博览会上多次获得金奖，企业成为第一次世界大战前唯一经营成功的华资纱厂。

现代市场经济竞争愈加激烈，但恶性竞争是可以避免，也是道德和法律所不允许的。避免恶性竞争既要靠外在的法律约束，也要靠企业的自律。在竞争中，为了有利于保障市场经济秩序，人的道德素质的意义不仅不亚于智力和体力的因素，而且往往具有首要的意义。高水平的业务能力与高水平的道德素质的统一，是人们充分参加社会生产必不可少的条件，也是企业合理竞争的基本手段。美国学者索里和特尔福德说："现代美国文化把竞争的胜利极端地理想化了……典型的美国人形成了一种为争取优越地位而努力竞争的内驱力。虽然这种内驱力毫无疑问地也有它自身的价值，但是它也为产生普遍的不满足、失意、挫折和沮丧等情绪提供了土壤。"恶性竞争在发达资本主义社会虽然屡见不鲜，但在国外的一些知名企业中，竞争也被限制在合理的范围内。美国国际商用机器公司所制定的公司商业道德规范中，对合理竞争进行了自律性的规定：第一，凡本公司的推销人员在任何情况下，都不可批评竞争对手的产品；第二，如对手已接受顾客的订单，切勿游说顾客改变主意；第三，推销人员绝对不可为获得订单而提出贿赂。因此，该公司在同行和广大顾客中赢得了很好的声誉。中国素称礼仪之邦，更应当发扬优良的文化传统，使法规制度变为人们内心的道德自觉，这样才能使竞争合理、合法，这样，合理的竞争才能成为推进经济发展的最为持久、有效的发动机。

四、重智创新

儒商的特点是"以德经商"和"以智经商"的统一。有人认为儒商只重德，不重智，是迂腐的商人、企业家，这种看法是片面的。儒商对知识、经验的重视，对人才和创新的推崇，是儒商事业成功的可靠保障。

1. "经商不懂行，瞎子撞南墙"

俗话说："经商不懂行，瞎子撞南墙。"儒商十分重视经商本领的学习，强调"乘时习艺""艺贵专精"。所谓"学徒"，就是学经商的技能，要求做到"卖药会郎中，卖布会裁缝"，"柜台站三年，见人会相面"。《生意世事初阶》提出学徒的基本功第七项就是要学好技艺，饭后学写字，晚上学算盘，"生意之家，忌的是白日打空算盘，要在晚上请教人指点算法"。要学戥秤称物，秤杆"不可恍惚，称准方可报数"。还要学会看银子成色，分清真假。勉励学徒要掌握经商的本领，说："要到会，人前累。一回生，二回熟；经一遭，长一智。凡百事，都是学而知之。如到店两三个月，就要撑上柜，乃是你没规矩，真属可笑！盖你连话也说不来，货源全不懂，何能做生意？"《商贾便览》更细致地阐明了经商知识的重要性，说："辨货要知大概，识物务须小心。""天下货物，各有土产不同，任是老商，遍游大省名镇，慎涉江湖海洋，岂能各种皆识高低？然货之大概，高者总有自然宝色，光亮鲜明，活润生神，细嫩结实，滋味美厚，干净均匀；而低者色相死而不活，黯晦灰黑，枯呆紧硬，粗糙稀松，形质恶浊，杂掺伪牵。至于新生熟，方圆大小，轻重长短，整碎热湿，或土产，或工作，可否取舍，总要合宜，然后可售。惯家内行，一见了然；外行初认，黑白难分，虚心求教，神而明之，存乎其人。此又不在概论者也。"儒商强调在干中学，对学徒进行基本功的训练以及提倡实践出真知、熟能生巧等，符合科学认识论和辩证法，是可值继承和借鉴的宝贵经验。

2．陈启沅破除迷信办实业

陈启沅

　　广东南海人陈启沅是中国近代第一家民族资本工厂的创办者。他的家乡南海县是有名的蚕桑之乡，顺德等珠江三角洲地区也遍布桑基鱼塘。陈启沅从小就对蚕桑和丝织特别注意，后来写了《蚕桑谱》一书。1873 年，陈启沅在家乡简村建起了继昌隆机器缫丝厂。缫丝厂的出现，在当时因循守旧的自然经济社会里激起了轩然大波。对于这个新鲜事物，有的人说机器声、汽笛声像鬼叫，不吉利，破坏了风水；有的说工厂烟囱太高，一条黑影从高处压下，会破财丧丁；有的指责男女同厂做工，有伤风化；有的散布谣言，说机器会伤害人的性命。种种责难甚嚣尘上，附近的农民受到流言蜚语的影响，扬言要砸毁工厂。清政府对新兴的民族资本企业并不支持，表现出压制的态度。一时间，过大的压力使得陈启沅的亲属也担心起来，劝说他赶紧关闭工厂，平息众怒。然而，面对传统势力的高压，陈启沅却没有动摇，而是顶住压力办工厂。他一方面向村民介绍科学知识，让村民参观工厂的生产；另一方面又在工厂内搞技术革新，亲手设计出半机械化的缫丝小机械。这种小机械一人就可使用，轻便灵巧，减轻了工人的劳动强度，功用与大的缫丝机无异，很受缫丝工人的欢迎。通过陈启沅的科普宣传和"眼见为实"，大家慢慢接受了办机器工厂，并将陈启沅改进的缫丝机推广开来，南海周边地区使用者超过两万多人。在陈启沅的带动下，珠江三角洲迅速兴起了开办新式缫丝厂的热潮，先后达数百家之多，大大促进了我国的民族缫丝业的发展，陈启沅也声名远扬，受到人们的尊敬。

3．生产布鞋也讲知识

1982 年，山东荣成鞋厂生产了一种蓝色涤纶塔跟布鞋，很受欢迎，各地不少用户纷纷前来订货，供不应求。为了优待老客户，鞋厂主动给山东滨州市一家大商店分配了一部分这种新产品，可是却被商家退货。鞋厂派人去调查，原来滨州的风俗只有谁家办丧事，妇女们才穿这种蓝色的鞋以示哀悼。这种颜色的鞋在别的地方受欢迎，但在滨州却犯忌。荣成鞋厂"吃一堑，长一智"，在 1983 年春，当他们得知山东即墨一带的风俗是每逢寒食节，所有前一年结婚的新媳妇都要给七姑八姨每人送一双鞋。于是，他们马上组织力量生产了四千多双各种规格的布鞋，赶在节前几天发货至即墨县，结果不到一天就销售一空。这就说明，儒商们还应有一些民俗学的知识，了解当地民俗习惯，这样才能取得成功。

五、忠孝亲情

在儒商的管理方式中，家族制的管理是其弊端，这当然是我们应当谨慎对待的。但儒商企业的忠孝亲情式的管理，却不能全盘否定，有着一定的价值。俗话说："百善孝为先。"儒商的传统是忠孝传家，将孝移于忠，应用于企业管理之中。在传统儒商的企业里，企业就像个大家庭，企业主就像家长一样关爱员工，不仅在员工生病、死亡等时候给与精神和物质上的关怀，有的还给员工股份，或帮助其另立门户。这种亲情式的管理，能够培养出企业主对员工的爱护和员工对企业的忠诚，进而发展出感恩社会、报效民族、服务国家的企业文化。儒商忠孝亲情的文化至今仍有其生命力，它能够降低管理成本，激发企业员工的主人翁积极性，尤其是对协调企业内部的人际关系，缓解日益显现的劳资矛盾具有借鉴意义。但忠孝亲情式的文化被人诟病为不利于建立现代企业制度，因而我们对儒商忠孝亲情式的管理，应当"一分为二"地对待。

1．古代儒商的家族式管理

儒家文化是家国结构的宗法性文化，传统儒商以强调忠孝为本的家族式管理为特点，儒商家族组织结构的亲情式管理具有极大的凝聚力。儒商管理系统的核心圈是亲戚，当儒商的事业继续扩展时，他们的家庭成员继续形成拥有权和管理权的内部核心，他们的表亲和其他亲戚则形成管理控制的外沿。他们

的社会组织形成的目标是把第二级关系转化为第一级关系，以
建立一种注重互惠互利、互相支持和忠诚的家长式管理形式。
如安徽歙县人吴德民"起家坐至十万，未尝自持筹策，善用亲
戚子弟之贤者，辄任自然，不窥苟利"。汪道昆的曾祖父汪玄仪，
将"诸昆弟子姓十余曹"带去当伙计或掌柜等，后来这些昆弟
子都发了财，有的甚至积挣的财富超过了他。

随着事业的发展壮大，儒商们不满足于仅仅与他们的家庭
或家族成员一起做生意，因为这在人员数量和适应性上处于不
利地位。他们不得不扩大范围，选择和征召来自同乡或同省的
没有血缘关系但值得信任的人。为了建立这些家庭核心以外的
关系网，儒商们善于运用高度的灵活性和自觉性来"同化"其
他人，这就是提倡"同乡扶助"，在经商要地设立"会馆"，组
织"同乡会"，用以壮大势力。所谓徽商、晋商、赣商、粤商、
闽商等商帮的形成，就是宗族社会和地域乡情在商业经济领域
的再现。

在企业内部，老板大多喜欢雇用亲戚、同乡，把师徒关系
看成是长辈与晚辈的关系，提倡"孝"；把徒弟之间的关系看
成是兄弟关系，提倡"悌"；宣扬企业内部"亲如一家"。《生
意世事初阶》中讲道：对待店员学徒，应当"犹如待自己子侄
一般。既在店学生意，就是你家的人了"，"为伙计者，亦当尽
心竭力。有道：食人之禄，必当忠人之事"。即便不是均由亲戚、
同乡组成的大企业，也同样十分讲究家族结构和亲情式管理，
如中华人民共和国成立前拥有 16 家分号、从业人员达 500 多
人的瑞蚨祥布店，就将企业内部人员分为若干等：东家、经理、

吃股人员、内伙计、外伙计、后事等，伙计与东家有师徒关系，如果工作卖力，有可能"时来鱼化龙"，被东家提为经理或吃股人员，得到定期分红。这就使雇员视瑞蚨祥为家，为其效力，当时在瑞蚨祥就流传着这样的歌谣："生愿在苏杭，死愿在瑞蚨祥。"可见，儒商的这种亲情式管理结构和方式对于企业的目标整合，增强凝聚力和向心力，具有十分重要的作用。

2. 海外华商的"三缘"关系网

海外华商善于利用"三缘"关系来编织华商网络，这"三缘"就是"血缘""地缘"和"业缘"。特别是血缘性的宗亲会和地缘性的同乡会，这些社团组织内部都很团结，势力也较大。

具有十几家行号的泰国华侨、企业家颜开臣，以人的因素为第一位，十分重视褒奖本企业职工的忠诚和贡献。他自己是从社会底层奋斗上来的，所以，他的企业的高级职员大都是在自家厂里发现、训练和提拔的。这样一级级提上来的高级职员，往往有一种参与创业的感情。当人们询问一位高级职员在颜氏企业的感受时，他坦言说："颜先生给我住房、汽车、高薪，对我的家庭关怀备至，我不竭尽忠诚做出贡献，能问心无愧吗？所以我们都是全力以赴，以厂为家的。"在颜开臣的企业里，遇到难题，员工们都能勇于发表意见，集思广益地解决问题。在颜氏企业内的五大工厂中，有职工 3600 多人，员工极少有跳槽的，稳定率达到 98%。各厂的出勤率都很高，劳资关系也非常融洽，企业的工人从未发生过罢工，若有什么要求，工人便派代表找老板，老板一般都能满足他们的合理要求。虽然颜开臣腰缠万贯，但仍然保持中国人节俭的美德，衣着、饮食从不讲究，在厂里与职员一同进餐。当颜开臣的员工有了独立经营的愿望和能力时，他不仅不阻止，反而支持他们另立门户。这些另立门户的企业，成了颜氏企业最好的合作伙伴。正是由于颜开臣具有儒商的胸怀、胆识和气度，颜氏企业也不断地发展壮大。

3．日本、韩国提倡对企业的"忠孝"

日本的许多企业将儒家的忠孝文化传统转化为企业集团主义精神，使企业上下一致地维护和谐。日本企业实行的"终身雇佣制"和"年功序列制"，体现的就是"亲密"的原则；而日本大部分企业在终身雇佣制基础上发展起来的职工终身培训制度，也体现出"爱人"的思想。现代日本企业家认为，企业即家族，人是企业的出发点和归宿点。企业即家族是集体主义的具体表现。他们流行这样一种观点：人的知识不如人的智力，人的智力不如人的能力，人的能力不如人的觉悟。实践证明，东方文化土壤上很难植入西方重物的管理观念，相反，更易滋长重情的管理理念。日本家族式的管理模式将爱人、尊重人、关心人作为企业的宗旨，日本管理文化的人际关系，有强烈的家族意识和等级观念。日本著名社会学家中根千枝说："尽管人们总是说，家的传统建制已经消亡，但家的观念仍然萦回在现今的社会关系中。""公司就是一个家庭，雇主是家长，雇员都是家庭的成员。而且这个大'家庭'保护雇员的个人家庭，使他完全彻底地致力于公司的事务。"森岛通夫在《日本为什么"成功"》一书中说："忠诚的意义在中国和日本也不相同。在中国，忠诚意味着对自我良心的忠诚。而在日本，虽然它也在同样的意义上被使用，但是它的准确的意义基本上是一种旨在完全献身于自己领主的真诚，这种献身可以达到为自己的领主而牺牲生命的程度。结果，孔子所说的'臣事君以忠'在中国被解释成'臣子必须以一种不违反自己良心的真诚去侍奉君主'；而日本则把此话解释为'家臣必须为自己的君主奉献出全部生命'。"由于被日本改造的儒学特别强调"忠"，提倡效忠国家和遵命于家长，因而就把忠、孝、悌联成一体，构成了三位一体的行为指令和道德信仰，它在社会和企业内部起着调节建立在权威、血缘和年龄之上的等级关系，"以忠孝为中心的家族主义集团意识更是（日本）国民凝聚力的一个核心"。因此，终身雇佣制、年功序列制和企业工会这三大支柱就能赢得职工的心。如终身雇佣制体现的是"亲亲"，从而有强烈的家族色彩；年功序列制，实际上是在报酬、地位上搞论资排辈，体现的是"尊尊"，具有浓厚的家族意识。从某种程度上讲，日本的企业经营是家族式的经营，把企业当作一个家来管理。企业内部矛盾相当于家庭内部矛盾，不由外人插手。因此，企业工会不与同行业的其他工会发生直接的组织联系，而是独立处理劳资矛盾。日本电器公司创始人、被誉为"经营之神"的松下幸之助把自己视为一家之长，员工则是家庭成员，即使在经济萧条时期也不曾解雇职员，"作为一家之长，不能让'我的孩子'流落街头"。在他订立的"社训"中，"友好的精神""礼让的精神""报德的精神"充分体现了松下以仁为政的管理原则。松下文化里面的"报德"就包含有浓厚的"忠"的意味。日本钟纺名誉会长伊藤淳二也是这样的人。他在因会社陷入严重困境被迫裁员时，实施了两项措施：一是确保解雇职员有新的工作。他亲自写介绍信向接收单位请求关照；如果职员被接纳，还向雇用单位复信致谢。二是向每个被合理辞去的公司职员赠送 500—1000 股钟纺股票。伊藤认为："不要因为不在钟纺干了就与公司无关了，希望能作为命运共同体的一员，保持彼此的联系。"日本政治评论家、熟悉工会活动的森田实曾这样比喻以"家长式"仁爱作风经营的企业："企业主是父亲，工会是母亲，企业中层负责人是盟弟，工人是企业主的儿子。"这是对日本式企业人际关系的最形象、恰当的表述。

4. 国有企业关爱职工的传统

河北石家庄第二印染厂领导十分关心和爱护全厂职工，在职工中激发和培养起了有血有肉的爱厂如家的集体主义精神，职工们也给予企业以更大的情意和忠诚。这种关系，在企业遇到困难、需要全体职工共渡难关的时候，发挥了巨大的作用。一年夏天，正当石家庄第二印染厂加紧生产一批交货期极为紧迫的出口产品时，石家庄由于供电紧张而限电。按照所分配的供电指标，全厂只能开一条生产线。但是，印染车间的职工为了赶任务，关掉了车间所有的空调器，省出电来，开了第二条生产线。印染车间是高温车间，大夏天一关空调器，气温骤然上升，就像一个大蒸笼，燥热难耐。但是职工毫无怨言，心甘情愿地在如此恶劣的环境中赶任务。就在这个时候，时任厂长的崔志才同志到车间检查工作，当时一跨进车间大门，就感到热得出奇！抬头一看，才知空调器全关了，而第二条生产线正在有条不紊地工作着。他激动不已，心想：这是多好的工人呀！但也不能为了赶任务而玩命呀！于是，他下命令让第二条生产线停下来，并自己动手去关那条生产线的电闸。这时，车间工人拥上来，拉住厂长的手，恳切地说："为了咱厂的信誉，你别管了……"厂长拗不过大家，只好作罢。最后，厂长决定：所有行政干部去端冷水，用冷水毛巾为工人降温；同时，通知食堂煮绿豆汤，他亲自带领干部一碗碗捧到工人面前。这就是具有凝聚力的企业所展现的精神风貌，这就是儒家、儒商温情式管理原则所追求的人际关系境界。

5. 文化商人张贤亮的亲情式管理

著名作家张贤亮是一个有着儒商情怀的文化商人，他创办和经营的镇北堡西部影视城，既是影视拍摄中心，又是旅游景点。在创办这家民营文化旅游企业之前，他经常到农场的农工和西北农牧民家中去体验生活，与他们拉家常，问："你现在干什么呢？""放羊。""放羊干什么？""挣钱，把娃养大。""那养大了娃干什么呢？""放羊。"张贤亮想，这样下去，什么时候才能改变命运？他以儒商的情怀，决心改变贫穷孩子的命运。

他把农牧民和农工的子女招入影视城工作，这些孩子连普通话
也说不标准，就让他们用纯粹的地方方言来介绍景点，使黄土
地配地方方言，增加旅游情趣。张贤亮像照顾自己的孩子那样
对他们进行管理，他对孩子们说："我保证把你们每个人都看
成自己的孩子。"他关心职工的生活，盖宿舍，盖锅炉房，盖活
动室，让他们每天都能洗上热水澡。张贤亮的影视城实行"四同"：
同知、同享、同决策、同担风险。公司的经济账全部都是公开的。
按规定，每年公司给张贤亮个人支配的钱共 1.5 万元，可是他
担任文联主席，文联却无法支付他的差旅费，他就拿这 1.5 万
元去开支。尽管张贤亮后来与合股者分道扬镳，但从他的经历
可见，他的管理理念和方式是儒商式的，与他的作品一样，透
射出他那儒家的仁爱。

张贤亮创办的镇北堡西部影视城（局部）

6．何享健的"电脑释兵权"

儒商在管理实践中十分重视人才的使用，调动人的积极性。在这一方面，一些现代新型儒商对家族式的经营管理体制和方式，进行了大胆的改革尝试，用外来人才改造企业各级管理班子，有的已经完成了现代企业制度改造。以"美的"集团为例，他的创始人兼首席执行官何享健就是个爱才如命的企业家。自1968 年何享健带领着一些农民集资 5000 元创办了"北街办塑料生产组"开始，一直到将"美的"发展成为中国家电巨子，成功的秘诀之一就是重用人才。他有一句名言："宁愿放弃 100万元销售收入，也决不放过一个有用之才。"几十年来，"美的"集团的用人历程呈现出"20 世纪 60 年代用北滘人，70 年代用顺德人，80 年代用广东人，90 年代用中国人，21 世纪用世界人"的轨迹。但直到 20 世纪 90 年代初改制之前，"美的"对人才的渴求还主要限定在技术、经营等专业操作领域，而在高管层、董事会，仍是顺德人的"安全堡垒"和外地人的"禁区"。1992 年的股份制改革后，人才的形势更为严峻，何享健开始点燃了人才破局的引信。他演绎了一出现代版"杯酒释兵权"的故事：在一次创业元老座谈会上，何享健指着一台电脑对元老们说："谁能使用这台电脑，我就立即提他一级，否则……"创业元老们面对无法适应的企业新环境，陆续被劝退出"江湖"。至 20 世纪 90 年代中后期，几乎所有的创业元老都退出了"美的"的管理层，职业经理人团队快速成为"美的"经营管理的中坚力量。为了稳定这些职业经理人，何享健还抛出了"金手铐"：

实施股权激励，授予高管 5000 万份股票期权，这些股权一旦兑
现，部分持有者将身家过亿。"'美的'二级集团总裁的身价至
少在千万级，事业部层面则不低于百万级。"这已经是行业内
流传的公开的"秘密"。何享健对人才的重视，是现代儒商人
才使用和管理的典范。

从儒商的忠孝亲情式管理来分析，家族制的弊端是突出的，
应当用现代企业制度来加以改造。但作为儒商传统的亲情式管
理，则是包含了合理的因素，有利于调动人的积极性，减少管
理成本，提高管理效率，增强团队的凝聚力。

儒商的生活情趣

在生活方面，儒商也是一以贯之地践行以儒家文化为核心的中国传统文化。或许人们对儒商鼻祖范蠡带着美女西施泛游西湖的情景倾心向往，但这只是个传说，在《国语》《史记》等严肃的历史著作中，根本看不到西施的影子。退一步说，即便此事确实存在，那也只是儒商范蠡与美女西施的一段爱情佳话，说明儒商也是活生生的人。勤俭朴实是儒家推崇的基本生活态度，荒淫的行为被儒家谴责为不道德。当然，在中国长期的封建等级社会里，"朱门酒肉臭，路有冻死骨"是社会现实。与统治阶级生活的荒淫无度一样，许多富商的生活也极为奢侈，"富而生淫"、吃喝嫖赌、石崇斗富，这些富而不仁者并不能纳入儒商之列。

一、勤俭朴素

儒商的特点之一就是具有勤奋进取的精神和艰苦朴素的道德。明儒冯梦龙说："常将有日思无日，莫待无时思有时。"这是对孔子"人无远虑，必有近忧"思想的继承和发展。因为有天灾人祸，必须有所准备，平时应勤努力，多储蓄。真正的儒商以勤俭朴素为荣，以奢侈骄逸为耻。前些年，社会上曾流传着所谓美国老太与中国老太比较的故事，说的是美国老太早在年轻时就用贷款买房，到老了，贷款也还清了，却住了一辈子自己的房子。而中国老太积蓄了一辈子，租住别人的房子，到老了终于买起了自己的房子。故事似乎在说明，中国老太应当向美国老太学习，要善于提前消费尽早过上好日子。然而，正是奉行消费主义的美国老太的不谨慎，引发了美国房地产的"次贷危机"进而导致全球性的金融海啸。事实又一次证明，注重节俭和储蓄的中国老太更能应对经济风浪，儒商勤奋俭朴的传统，是我们应当好好继承发扬的。

1. 勤劳朴素是中国儒商的传统

中华民族是勤劳朴素的民族，这在儒商中得到了充分的体现。首先，儒商推崇"勤奋"。传统儒学中就教育人们："一生之计在于勤，备尝辛苦方为福。""祖宗家业，自勤俭中来。""疏懒人没吃，勤俭粮满仓。""黎明即起，洒扫庭除。"儒商著作《商贾一览醒迷》说："富从勤得，贫自懒招。"徽商以"勤"为家谱族规的内容，《武口王氏统宗世谱》的《宗规》写道："天下之事，莫不以勤而兴，以怠而废。"《休宁宣仁王氏族谱》的《宗规》记载："士农工商，所业虽别，是皆本职。惰则职惰，勤则职勤。"其次，儒商主张"俭朴"。不同地域的传统商人在俭朴方面的表现有所差别，致使他们在富裕程度上也出现差距。明人谢肇淛在《五杂俎》中进行了对比，说江南的新安商人以鱼盐为业，不重衣食，只求一饱，唯娶妾、宿妓、争讼，则挥金如土。而江北的山右商人或盐、或贩、或窖粟、但"山右其富甚于新安，新安奢而山右俭也"。再次，儒商严控入不敷出。《商贾一览醒迷》说："度入而制出则常足，未来而预费则失望。""当家之人，宜量入以支出。若迷蒙不识所进若干，尽其所有而用，更无稽考，不怀畏惧，此为必败之道。"最后，儒商反对富而生淫。《生意世事初阶》说："贫贱生勤俭，勤俭生富贵，富贵生骄奢，骄奢生淫逸，淫逸生贫贱，此循环之理，不可不念。"总之，儒商推崇既勤又俭的生活方式，体现了中华民族的传统美德。

近代儒商也是这样，卢作孚指出："中国人有两种美德是可以战胜世界任何民族的：一个是勤，一个是俭。"被誉为"中国民族化工业之父"的范旭东言："事业的成功必须做到吃苦，只有苦干才能得到成绩，有了成绩我们才有信用。"范旭东的同道者侯德榜介绍说："范先生做了三十一年的总经理，但是自己没有盖过一所房子，私人没有一辆汽车，死后两袖清风，甚至目前范夫人的生活都成问题。"

现代儒商同样以勤俭为美德，新加坡华侨企业家柯隆美说得好："应该说我目前的财富来自多年的节俭。我的熟人把我说成是'捡死马的人'。我们以前一起吃饭时……我常常吃剩饭。我应该尽可能把食物吃完，而不是要把它剩在盘子里。我不是一个挥霍的人。据说在生意场上，只有上天才能让一个人极度富裕，但普通人则只能靠节俭适度地富裕起来。"

2. 生活俭朴的李光前

李光前是陈嘉庚的女婿，曾是全球十大华人富商之一。但他的生活俭朴，以身作则。第一次世界大战期间，新加坡的有轨电车较便宜的三等位一般为劳工阶层乘坐，有钱人都是坐头等或二等位，但李光前每次都是坐三等位。有一些商人论财富远不如李光前，本来是坐头等或者是坐二等位的，看见李光前都只坐三等位，简直是坐立不安。因此，这些商人每次坐电车，都要伸头看看李光前在不在，只有李光前没有乘坐电车时，他们才敢去坐头等位。另外，李光前夫妇从未做过大寿，住宅也是陈嘉庚赠送的，来访的客人也大感意外地发现，他家里所使用的茶匙每双只值一分钱。李光前的饮食也很简单随便，爱喝家乡的地瓜粥。不幸的是，长期的过度劳累，李光前患上了重病，于 1967 年去世。

3. 节俭的李晓华

香港华达投资集团公司董事局主席李晓华出身贫苦，虽然他已经是身家亿万的富翁，却保持着节俭的日常生活习惯。在他的生活辞典里，找不到"享受"二字。他时常不忘过去贫穷时吃着粗茶淡饭、住着七平方米小屋的普通生活。他明白一个简单的道理，无论你多富有，一天只能吃三顿饭，即便有广厦万间，一人只能占用一席之床。他平时出入高级饭店与客人谈生意，吃饭总是直奔自助餐厅或者是吃盒饭，谁都想不到这个默默地吃自助餐、站着吃盒饭的人竟是亿万富翁。有一次，李晓华请记者吃饭，当记者坐在豪华的餐桌前，简直不敢相信自己的眼睛，原来亿万富翁请人吃饭竟是如此的简单：西红柿炒鸡蛋、青椒土豆片，还有一大碟北京辣丝。同桌的另一位朋友说还想要一盘花生米，李晓华立即吩咐他的秘书，驾车到街上买来一包煮花生米，显然街上买的比酒店的便宜。李晓华正是以这种简朴淡定的生活美德，以他不断奋斗、努力进取的精神，成就了他的远大志向。

4. 巴菲特的简朴婚礼

西方的许多知名富商也很节俭，因为作为西方资本主义精神之源的新教伦理，也是主张节俭的。一个真正的企业家，有了钱不是用于消费，而是用于投资，从这个意义上讲，生活的节俭应当是一个真正的企业家的品质。

2008 年，《福布斯》杂志"全球富豪榜"，巴菲特个人财富高达 620 亿美元，成为世界首富。此后他也一直跻身《福布斯》富豪榜前列。创造财富是巴菲特的梦想，不过，钱财本身却不是他追求的目标。他早就许诺过死后捐出自己的财产，仅 2006 年就捐出约 375 亿美元给致力根除发展中国家疟疾、肺结核和艾滋病的盖茨基金会，创造了个人捐款世界最高纪录。但就是这位慈善捐款十分大方的富豪，婚礼却极为简朴。2006 年 8 月 30 日是巴菲特 76 岁生日，他与已经 60 岁的同居 28 年一直没有举办婚礼的伴侣曼克斯结婚。这场婚礼异常低调，只有 15 分钟，由女儿主持。巴菲特与曼克斯穿着都很普通，获邀前来的宾客也非常少。15分钟婚礼结束后，他们与客人一起到附近一家海鲜餐馆就餐，没有蜜月，第二天巴菲特就按时到公司上班。更令人不可思议的是，新郎送给新娘的是一枚打折的戒指，这枚戒指是巴菲特带着女儿苏珊到奥玛哈住家附近的珠宝店里买的，在结婚前一天才拿出来送给曼克斯。不但婚礼如此，巴菲特平时的生活也注重节俭。例如，他喜欢一次购买多箱饮料，以得到最优惠的折扣价。巴菲特对待生活的态度，身为世界首富却不图享乐，将自己的财产捐献给慈善事业，体现了一个真正的企业家必然具有的高尚的财富观和生活情操。

二、洁身自爱

儒商最诫"贪"，真正的儒商始终保持洁身自爱的君子人格。《商贾一览醒迷》说："守己不贪终是稳，利人所有定遭亏。"告诫人们要"人浊我清"，不能以为经商的人富而不贫因此就廉而不贪。"贪不在贫，廉不在富"，"或谓贪者为贫所迫，廉者因富无取。非也。人性贪廉，岂论贫富？多有富者无厌无止，索利于贫，恨不剥肌捶髓，全无慈悯，所以富由不仁来也。彼廉者则不然，宁甘清淡，不以利禄关心，正大光明，唯求洁白，虽大食峨冠置前，不能移其志也"。还说明了贪的坏处是"今日侥幸而得，不敷他日事败之用。兢兢于此，近乎廉而害亦鲜矣"。在市场经济条件下的今天，我们千万不能忘记儒商的谆谆告诫。

1．廉洁奉公的三国盐州司马

三国时期，孟宗任吴国盐州司马，管理渔业。他在公余休闲无事时，张网捕鱼，晾晒鱼干，后托人将鱼干带给老母亲。他母亲告诉来者："我儿掌管渔业大权，给我送鱼干，虽然这些鱼是他自己闲时捕的，但不知内情的人会说他偷公家的鱼，拿来孝敬母亲。我儿身为渔官，本应明白'瓜田不纳履，李下不正冠'避嫌洁身的道理，真乃不孝，忘记我昔日的教诲。请把鱼干带回去，我不能涉嫌。"孟宗深感母亲言之有理，牢记老人的教诲，成为廉洁奉公的高贤大德者。

2．徽商现身说法诫嫖赌

清代乾隆年间，安徽歙县巨商马逢辰60岁时，想把产业交给儿子马山来经营，但又不放心，便带他外出见见世面。在苏州，马山来不惜重金向一名颇有姿色的妓女博欢，父亲不仅予以满足，回歙县时还给儿子500两银子作为辞别名妓的应酬之用。临别，名妓呜呜咽咽做出不忍分离之态。船出镇江，马逢辰令山来穿上敝衣破鞋回去名妓那里，说船在江心遇风翻沉，幸遇邻船救起，父亲存亡未卜，钱财亦遗失无踪。山来照办。名妓听后脸色顿变，喝令仆人将其赶出。这使山来大识"红尘"，对父亲说："妓女爱我，是图我的财。"从此他勤俭持家，"数年致富巨万"。

这就是说，合理消费应当是健康消费。儒商批评"富贵生淫逸"的生活方式，儒商著作《工商切要》告诫"禁赌遏淫"，"戒酒保身"，"嫖、赌二事，好者无不败家倾本，甚至丧命"。然而，一些人"富贵思淫"，一些人豪赌成风，吸毒成瘾，这些都是消费领域出现的丑恶现象，与儒商的教诲是格格不入的。

3. 卢作孚：一个"没有钱"的大亨

卢作孚身为民生公司的总经理，却不占有公司的一份股权。股东们为了酬谢他的功绩，赠给他一些干股，其从不领取分文红利。他身兼数职，但只拿一份工资，除总经理薪津用于维持家庭生活外，其余的收入包括车马费都全部捐赠给公司或科学教育事业。1942年，有个美国朋友送给他一台收音机，他也把它转送给公司。他在公司与职员一起排队买饭，共同用餐。家庭住房也是租来的一般平房，在担任政府要职时也未移居官邸。他去世后，没有给家人留下任何遗产，被誉为"一个'没有钱'的大亨"。

儒商人物都有这种清廉俭朴的生活作风。范旭东说："事业的成功，必须做到清廉。为人清廉，极易博得他人的敬仰，做事亦易推行，任何事情我们能做到清廉两字，就是事业失败，尚可得人谅解，得人同情。"新加坡华人企业家周子敬有志于像荷花出淤泥而不染，他说："我兴致勃勃，努力传播我的荷花精神，并且研究一个人应有的行为。"这种"荷花精神"，正是现代儒商崇尚廉洁的高尚情怀的体现。

4．以高尚品格感动人的香港儒商包玉刚

香港儒商包玉刚事业的成功，得益于他善于交际的特长，更得益于他那可敬、可信、可亲的品格。包玉刚先生待人热情、诚恳，处世严谨、稳健，为富不骄，恪守传统，这些品德使之能够朋友遍天下。他特别善于同官员、学者、记者交朋友，其中包括世界各国首脑、国际著名政要，包玉刚都与他们交往甚密，从而能站在更高的层面上，观时识变，筹握商机。包玉刚经常"周游列国"，与政界要人谈天说地，其最终目的是把握世界经济脉搏，以调整自己的战略决策。1976 年，包玉刚在美国著名的哈佛大学商学院进行题为《经营航运的个人心得》的演讲时指出："要想当一个世界著名的经济大亨，就不能远离政治，必须了解时局，在缤纷缭乱的表象中，抓住实质的东西。"再以包玉刚的婚姻为例，尽管包玉刚凭父母之命、媒妁之言，在洞房花烛夜才与夫人黄秀英相识，但他并没有因后来成了富商而喜新厌旧，相反却一生厮守，相亲相爱。与之相反的是希腊的世界船王奥纳西斯有钱以后风流一时，三妻四妾，美女成群。到了晚年，奥纳西斯的家族和事业陷入困境，他想把年少无知的女儿和船队托付给包玉刚，他认为"包玉刚为人厚道，恪守信用，为世人所称道"。在两个世界级船王的对比中，我们足以感受到包玉刚身上所体现的东方商人的人格魅力。

三、崇文尚艺

儒商的儒雅气质是在日常生活中积累养成的，他们崇文尚艺，往往在业余时间把精力投入文化体育事业，养成了积极健康的生活情趣，既远离了低级糜烂生活方式的不良影响，又助推了文化体育事业，更锻炼了自己的身心体魄，真是有百利而无一害。虽然有些商人、企业家附庸风雅，不是真正地崇文尚艺，被人们所诟病，但他们总比那些没有健康的兴趣爱好的人要好得多。

1. 明代晋商结社咏诗娱晚年

明代山西代州人杨继美从小酷爱读书，后因家计艰难，辍学经商，一直以无缘学问而遗憾。后在两淮一带经营盐业致富。他虽然人在商场经商，却与文人墨客交往甚密，在江淮地区也颇有名望。后来，杨继美的儿子杨恂中举，他十分高兴，顿觉自己孩时的梦想已经由儿子实现。他感到人生之愿已了，遂即刻结束盐场事务，整理行装，从江淮返回到原籍山西，从此不再经商。杨继美似乎领悟了孔子赞赏的曾点之志，回到代州后，终日与乡亲好友们聚会结社，作文咏诗，晚年生活充实，自得其乐，至高寿无疾而终。

2. 热爱体育的霍英东

霍英东从小热爱体育运动，对体育事业倾注了毕生的心血。

他热爱足球运动，早在20世纪50年代，他就组织了"友荣小型足球队"，每年比赛300场，连续10年雷打不动。20世纪60年代，他又组织了大型的"东升足球队"，并亲自担任候补中锋。他十分关心祖国的体育事业，早在1984年就捐款1亿港元作为中国体育事业的发展基金。当中国举办亚运会，他又捐赠了1亿港元。霍英东还向内地的许多学校捐建体育馆，向中国的奥运会奖牌得主和众多体育明星颁发奖牌、奖金，向马俊仁和他的长跑队员颁发重达1千克的纯金金牌和奖金。霍英东还擅长打网球，经常参加网球比赛，还担任世界羽毛球联合会名誉主席。由于霍英东长期支持体育，爱好锻炼，年轻时就体魄强健，老年后仍然保持了健康的身体。

3."红蜻蜓"的鞋文化

"红蜻蜓"是中国鞋业的名牌，他的老板钱金波爱好"鞋文化"。钱金波早年是皮鞋推销员，曾经跑遍全国各地推销温州皮鞋。当时，温州皮鞋质量良莠不齐，几乎成为假冒伪劣商品的代名词。有一次，他听说杭州武林门烧了温州鞋，一边痛心，一边暗下决心，要生产出质量一流的皮鞋。果然，多年后他的"红蜻蜓"成为中国名牌。这位鞋业大王举止儒雅，心系文化。有人问及为什么选择"红蜻蜓"作为品牌时，钱金波说："小时候穷，每天只能找红蜻蜓玩，红蜻蜓是我儿时的伙伴。"钱金波痴迷于鞋文化，不惜投入数千万元开办鞋文化博物馆。在他眼里，订1000万元合同还不如找到一双"三寸金莲"。平时只要碰上出差的机会，钱金波和其他几个副总就会四处寻找古鞋。有一次钱金波到澳门出差，他并不像许多人那样去玩，而是到街上寻找古董鞋，终于被他找到了一双清代的长筒钉靴，并以5000元的高价买下来。根据红蜻蜓集团提供的数据，红蜻蜓的鞋文化博物馆已摆放了从唐代一直延续至今的1000多件实物，展品中不仅有各类布鞋、皮鞋、草鞋、兽鞋、工艺鞋，还有中国最古老的鞋——舄（xì）。鞋文化博物馆展示了包括"张良跪履""谢公屐"这些典故在内的鞋与民俗、鞋与文学等和鞋相关的内容，图文与实物相映成趣。钱金波的鞋文化使得他在中国鞋业赢得了重要的地位，"红蜻蜓"品牌也有了更为深厚的历史积淀和更高的文化品味。

随着经济的发展，生活逐步走向富裕，特别应当警觉低级庸俗的生活方式的侵蚀，自觉地抵制社会上存在的不思积累、超前消费、纸醉金迷、奢侈挥霍等违反道德准则，甚至涉黄、赌、毒等触犯法律的行为。我们应当从真正的儒商那些儒雅朴实的生活情趣中，学习他们的人格情操，谨守健康的生活方式，提高人生修养和层次，做一个"脱离了低级趣味的人"。

时代呼唤儒商精神

　　儒商有传统儒商和现代新型儒商之分，儒商文化也有传统和现代之别。传统儒商只有经过转型，才能成为现代新型儒商。传统的儒商文化既有积极的一面，又有消极的一面，只有经过革新改造，才能转化为现代儒商文化。我们所提倡的，是现代儒商文化，这与我们提倡现代新型儒商是一致的。

　　现代新型儒商和现代儒商文化之所以是这个时代所需要的，取决于其中所蕴含的儒商精神，与市场经济的本质具有一致性。在一定意义上说，儒商精神应当是社会主义市场经济条件下企业家的主体精神，它是中国特色社会主义市场经济重要的文化条件和精神因素，参与构成中国特色社会主义市场经济条件下的文化软实力。它不仅对中国特色社会主义市场经济的建设起着重要的促进作用，甚至可以在经济全球化的复杂多变的世界格局中，协调不同的经济关系和利益，有利于经济与社会的协调稳定发展。

一、传统儒商文化的缺陷

　　传统的儒商及其文化在中国传统社会引领经济潮流，对中国自然商品经济跻身于世界的前列起了重要的作用，迄今仍不失其魅力。这些内容本书在前面已经做了介绍。然而，不能不清醒地认识到，传统的儒商文化却背负着沉重的历史包袱，致使其留有诸多先天缺陷。概括起来，有如下几点特别应当引起注意。

1. 传统儒商文化的消极性

在传统社会，大部分儒商能从仁义道德的基点出发，将善良人性贯彻于经济实践，这些儒商的道德并不是由纯粹的外力驱使，而是人性的自觉，这些是真儒商。但值得注意的是，有些所谓"德"商，其道德具有明显的被迫性，似乎是某种"趋利避害"的无奈选择，尽管这些行为仍然得到了当时社会的褒扬，但它的局限性不能不予以澄清。当然，这些儒商的道德虽然不怎么"高尚"，但毕竟是道德行为，对社会是有价值的，所以他们是一些"准儒商"，仍可列入儒商的范围。

清初徽州婺源商人汪拱乾家财万贯，他放贷给穷人，无论别人借多少，他都予以满足，而且从不催债。虽然他如此仁厚，但有的人欠的钱利滚利，越积越多，根本无法偿还。在他已过60岁后的一天，他的几个儿子私下议论，说陶朱公赚钱后三聚三散，子孙仍不能免祸。现在父亲积攒了那么多钱，而且只聚不散，欠他钱的人肯定很怕他，甚至很恨他，恐怕今后会招来灾祸。汪拱乾听到后，高兴地对儿子们说："我早就有亦聚亦散的意图，就怕你们不理解。你们的想法与我一致，的确是我的好儿子。"于是，汪拱乾将所有欠债的人召到一起来，当着他们的面说，自己有意学陶朱公，散尽千金，积善行德，然后用一把火把借据烧毁了，合计白银 8000 余两。众人无不感激，地方官也题送匾额予以表彰。果然，由于汪拱乾的散财行善，他的产业传至子孙后代，多代后仍历久不衰。可见，有的商人积善行德，是出于不招怨恨，有利子孙平安。这是当时的社会法制不健全、社会不安宁的表现。人们普遍有仇富心理，即便他不属于为富不仁，也可能不安全，随时有劫财杀身之祸。有鉴于此，只有散财，才能保平安。

一些传统儒商片面地理解儒家"和"的经济伦理，一味地谦和忍让，缺少竞争和进取意识。正如近代民族实业家卢作孚指出的，中国商人的"道德条件，亦都是规定在消极方面：忍耐、和睦、洁身、自爱、与世无争，都是社会上一向所称许的美德"。市场经济的特征之一就是竞争的经济。商品、市场本身就意味着竞争。在商品经济特别是当代市场经济条件下，竞争是必然的、必要的，只有通过竞争，经济才能发展。谦让是儒家处理人际关系的态度，在日常生活中应当遵守这种礼节，这并不是否定在经济领域中的正当竞争。儒家不反对竞争，而是肯定那种利人利己、利己不损人的正当的经济竞争。如果过分地谦和忍让，一味地温文尔雅，只做一个谦谦君子，不愿、不敢不善于在市场中去竞争，那必定会被市场经济大海的波浪所淹没。真正的儒商既有"和"的愿望，又有竞争的意识，一味地消极忍让乃是迂腐的儒商。这样的儒商充其量也只能是传统的旧儒商。

2. 传统儒商文化的官商性

政治肯定是重要的经济资源，这在现代市场经济社会里也是毋庸置疑的。但是，传统儒商文化在价值取向、致富谋略等许多方面，却有着对"官"的依附、官商勾结的突出特点。从范蠡、子贡开始，传统儒商就有了"官商"的萌芽。而"大商人"吕不韦投资于君王，胡雪岩成为近代著名的"红顶商人"，这些人的意识是"儒家思想缺陷的折射反映"，这些商人只可列入"准儒商"。

传统儒商文化中，十分强调官府的重要性，在一些儒商的著作、家训中，都对后代进行不得罪官府甚至依赖官府发家致富的教育。许多商人都与官府有着紧密的联系，这可能是在儒商的鼻祖那里就已显端倪，如范蠡属高官下海经商，子贡则是"结驷连骑，束帛之币以聘享诸侯，所至，国君无不分庭与之抗礼"。一些商人还不惜重金捐官买爵，如陕西榆次富商常家捐任四品以上的官员就达 46 位之多，其中还包括五位从二品官员。依托官府最直接的好处，是取得封建特权的商业行业的垄断和控制权，这是传统儒商暴富的捷径。另一个好处就是获得官方认可的社会地位，免于土匪、地痞流氓的侵扰和一些官员的欺辱盘剥。

传统儒商的官商性本来是其糟粕，但近年来却由于一些媒体吹嘘所谓由商业巨贾到投机政治、权倾朝野的吕不韦，特别是大名鼎鼎的"红顶商人"胡雪岩，使得人们以为儒商之所以发家致富，靠的是官商勾结，这实在是对儒商的歪曲和误解。

以胡雪岩为例，他实际上并不是真正的儒商。胡雪岩（1823 年—1885 年），安徽绩溪人。其从小丧父，家庭贫穷，被迫到钱庄学徒。他胆大妄为，私自将一笔钱庄的钱资助王有龄捐官，遭到钱庄的指责，处境十分艰难。恰好王有龄依靠官至江苏学政的何桂清，成为海运局的坐办，胡雪岩自此有了靠山。他开始设钱庄、办军火、贩粮食，生意越做越大。胡雪岩后投靠左宗棠一步步由"盐运使"升为按察使，再升为布政使，从二品，戴红顶子。胡雪岩从一个小伙计平步青云做到"红顶商人"，成为中国头号官商，家产富可敌国。同时，他也把徽帮的声誉推到了极致。

胡雪岩

晋商与徽商一样，也热衷于寻找官府做后台。例如徽商胡雪岩有左宗棠撑腰；晋商乔家渠就找了曾国藩的弟弟曾国荃做靠山，使晋商之势可以与徽商平分秋色。从胡雪岩的发家史及其经商的所作所为，用"懂经营，讲道德，崇儒术"的儒商标准来衡量，可以看到，他的官商事业并不能纳入儒商的范围。胡雪岩生活在中国传统社会，他必定受儒家传统文化的影响，在其世界观中一定会有一些儒商理念，但其官商特色并不能代表儒商文化的精髓，这是我们在接触传统儒商文化时需要注意的问题。

晋商、徽商等传统儒商中，一些人即便经商发家成富翁后，也往往为自己或为后代花钱谋个官职为归宿，致使中国古代"商业世家"十分罕见，受到西方学者的批评。韦伯和列维曾对"官本位"这种中国特有的追求财富的方式及其对商人阶级的影响有过论述，认为这是限制中国古代经济资本和人才的积累、增长的重大原因。而在当今社会里，企业家当然要依靠政府，但依靠的是政府的政策，而政府应当为企业提供公正、平等的政策环境，决不是官商勾结谋取各自的私利。官商勾结是腐败的毒瘤，是真正的儒商所不齿的。

3．传统儒商文化的家族性

传统儒商十分重视血缘关系，家族经营是儒商企业传统的组织方式。这种"打虎亲兄弟，上阵父子兵"的家族经营方式具有管理成本低、经营决策快等优点，在自然经济条件下以及在企业起步阶段不失为较好的选择。有学者分析了它的优势表现为，一方面，市场经济是交易的经济，通过一项项的契约推动商品和劳务交换的顺利进行。然而，任何契约规定再详细、考虑再周密，也免不了有所疏忽遗漏，为居心不良者留下可乘之机。况且，殚精竭虑、煞费苦心地订立契约和监督契约的执行，是一笔不小的成本，这就是微观经济学上的交易成本问题，它构成市场经济运行的摩擦阻力。另一方面，企业内部的雇佣与被雇佣关系也是一种交易关系，老板们同样面临雇佣谁、如何监督与激励雇员的问题。在市场经济兴起的早期，这个问题显得尤为迫切。那时的人接触面窄、活动的范围小，因此，经营企业的人最理想的还是家族成员，扩大一点范围，包括同族、同乡，虽然能力不一定强，但至少熟悉和可靠。血缘关系是人类最古老的一种关系，由此建立起的一套道德规范最有影响力和约束力，即便到现在也是如此。家族制企业利用亲情、乡情的信任减少管理成本，这就是家族制企业在商品经济不发达时代、在市场经济早期、在企业的起步阶段极为普遍的原因。例如，江右商人家族、乡情观念强，表现在：第一，经商的本金往往是全族出资借贷。第二，提倡同乡商人中的互相帮助。如大庾商人刘永庆与同乡易明宇同往浙江经商，后易明宇客死他乡，临终嘱刘永庆照顾妻儿。刘永庆信守诺言，对易明宇之妻多有扶助。易明宇的妻子死后，刘永庆又为易明宇的儿子成家娶妻，并将自己的财产和僮仆分给易明宇之子。第三，在各地广建江西会馆。明代各地在北京的会馆见诸文献者有 41 所，其中江西会馆 14 所，约占 34%，居各省之首。第四，热衷于修祠续谱。

在现代，家族制仍然是许多儒商企业的经营管理方式。据1987 年的统计，在中国台湾的 97 家企业集团中，属于家族集团的就有 81 家，约占 83.5%。目前中国大陆的私营企业中也有许多采用家族制。这些家族制企业的创业家长或家族族长处于集权主宰的地位，并以他为核心，根据家族亲缘关系的远近亲疏和地位的高低来组成内部管理体系及决定分配方式。社会学家费孝通把这种结构表述为"差序格局"。一旦创业家长去世，他的继承人不管已在从事其他什么职业，取得什么成就，都要回来打理自己家族的企业。例如，永安郭氏家族第二代掌舵人1983年去世，第三代的郭志权已经是美国哈佛大学的物理学博士，也得放弃长期从事的物理学专业，返回香港担任永安集团主席。1985年，当包玉刚查出患了癌症，他的四女婿郑维健虽然已经是美国有名的医学专家，也要回到家族企业主理投资业务。一些儒商企业家虽然引进了职业经理人制度，但也是以不削弱家族控制为前提。当然，由于家族制有规避风险、降低交易费用以及团体凝聚力强的优势，往往一个有远见卓识的领导人，就会发展出一流的家族企业。反之，他的子孙后代或许没有他的智慧和魅力，或许不懂经营之道有的甚至根本不属于管理人才，家族制的企业也就由此衰败。所谓"富不过三代"，常常是由于接班人不适合而造成的。

在现代市场经济条件下，家族经营总体上已经不合时宜了。资本的本质是追逐利润的，而不是亲善血缘乡情。企业的发展要向社会融资，意味着外人的股权和控制权的渗入；经营管理的日益复杂化和专业化，使家族成员力不从心，这些都宣告了家族制的崩溃。例如，香港最古老的商行"元发行"就是这样从盛到衰的家族制企业。1909年，元发行第二代掌门人高舜琴去世，由于缺乏强有力的接班人，家族成员开始肆意挥霍商行的公款，进而走向衰败。1933年，元发行上海联号将汕头联号的汇票退回，引发汕头四间联号像多米诺骨牌一样倒闭，元发行主持高承烈惊惶失措，携款潜逃，这家经营了80多年的老牌商号在短短的几天时间内就破产。曾经创办海外信托银行的东南亚华侨张明添于 1982 年突然逝世，也是由于没有合适的继承人，他那庞大的商业王国在三年内就分崩离析，海外信托银行也濒临破产。美国华人王安被誉为"电脑大王"，他兴办王安电脑公司，曾以 20 亿美元的个人财富跻身美国十大富豪之列（排名第六），在纽约自由女神 100 周年纪念仪式上，王安被选为全美最杰出的 12 位移民之一，接受了里根总统颁发的"自由奖章"，而获此特殊奖章的华人，只有王安和建筑大师贝聿铭。由于深受儒家传统的影响，1986 年 11 月，王安在年老交班的关键时刻，任人唯亲而不是任人唯贤，以"虎父无犬子"的心态，不顾众多董事和部属的反对，交班给能力不足的 36 岁的儿子王烈为公司总裁，使得许多优秀的公司骨干纷纷离去，公司急剧亏损，最终破产倒闭。这充分说明了家族制企业的局限性。然而，家族经营的传统仍在现实的经济领域发生作用，它是阻碍现代企业制度建立的不利因素。特别是对私营企业来说，家族制文化成为我国民营企业素质难以提高的观念根源。反思传统儒商的家族制文化，打破家族经营管理，建立现代企业制度，其任务十分艰巨。

总之，传统儒商具有"先天不足"的一面，是中国古代自给自足的小农经济、家族社会的产物，是以儒家思想为主干的中国传统文化包含弊端的突出表现和附属品。也就是说，传统儒商文化中存在着与市场经济发展相背离、阻碍经济发展的缺陷。这就是我们之所以提出在现时代应当对传统儒商文化进行"脱胎换骨"式的变革和改造的原因。我们认定儒商文化中精华的部分是主体，但不可否认它存在着严重的不足。在认识儒商文化的两重性时，首先应当对其糟粕、缺陷、不足的方面加以研究，这是我们科学地历史地对待儒商文化应当坚持且不可忽略的前提。

二、儒商文化的时代要求

有的人认为，产生于传统自然经济、小农社会基础之上的儒商文化在现代已经失去了存在的价值。从意识形态来看，中国几千年的封建宗法传统，在儒商文化的胚胎里烙下了不可磨灭的印记，"脱胎换骨"地改造只是一种不可能实现的良好的愿望。从实用性来看，传统社会的经济环境基本上只是与同乡甚至街坊、邻居进行交易，人们"低头不见抬头见"，儒商文化或许是规范和制约"熟人社会"的有效力量。可是，在现代市场经济条件下，人们的经济活动跨越了省界、国界，而且越来越复杂，仅靠突出道德性的儒商文化是不能起到良好的保障作用的。按照这些人的逻辑，儒商文化可以寿终正寝。然而，这种逻辑并不符合唯物辩证法。现代市场经济固然是法治经济，同时也是道德经济，道德与法治并行不悖，是互补的。现代市场经济日益全球化，我们生存在同一个"地球村"，共同的根本利益和发达的科技已经将距离变得"远在天涯，近在咫尺"。简而言之，一种具有几千年生命的文化，无疑是精华与糟粕混杂，应当"吸取其精华，排除其糟粕"，而不能采取列宁所批评的倒洗澡水时将澡盆里的婴儿也一并倒掉的愚蠢做法，更不能

失却历史文化的根基，把儒商文化作为过时的无用甚至有害之
物是简单粗暴的。

那么，我们怎样才能使儒商文化实现"脱胎换骨"呢？那
就是要按照时代的要求，将传统儒商文化变革转换成现代新型
的儒商文化。这是一项巨大的社会工程，不是一朝一夕就能完
成的，也不能一蹴而就，必须在时代的风雨中反复锤炼，在实
践中不断积淀和升华，就像凤凰只有浴火才能实现涅槃。

1. 对儒商理念文化的扬弃

儒商理念文化有着精华与糟粕共存的二重性，扬弃儒商理
念文化，就是要一分为二地对待儒商理念文化，使其精华的部
分传承下来，将其糟粕的部分加以批判和摒弃。本书前面分析
了传统儒商与现代新型儒商的区别，提出传统儒商在文化知识、
道德观念等方面仍延续着旧的传统，未能跟上时代和科技的发
展。而现代新型儒商既具有现代生产力和现代经济活动的有关
知识、智慧、眼光和文化素养，又具备与现代市场经济、知识
经济相适应的伦理道德品格和风范。其中核心的要素是理念问
题。例如，儒商理念本质上是一种"仁义善良"的人道主义、"天
人合一"的环保主义、"以和为贵"的和平主义、"诚实守信"
的道德主义、"经世济民"的现实主义思想体系，在真正的儒
商那里，不管这些儒商从事哪个行业，具有哪些行为，他们或
许不能直接或全面地达到这些理念的要求，但这些理念却是内

在地支配着他们的品行，从而显示出儒商群体的特质。这些理念都是极具现代性的，是我们应当深入挖掘、认真分析、科学发扬的精华。而那些带有旧时代烙印，尤其是受封建传统影响的理念，如小农意识、家族经营、家长作风、消极忍让以及法治观念淡漠等，当然不是儒商理念的主流，我们也应当予以批判，纠正其偏颇和谬误。

有的人在探讨新旧儒商文化的区别时，认为以传统儒商价值观为指向的文化为旧儒商文化，以现代儒家价值为指向的文化为新儒商文化。这只是儒家文化、儒商文化本身的同语反复。正确的认识应当是，在中国，扬弃儒商理念文化，建构现代新型儒商文化，就是要以中国特色社会主义精神文明为指导，以现代市场经济的不断实践和对其规律的科学认识为准绳，以儒家思想为主干的中国优秀传统文化为根基，吸收现代资本主义经济伦理的合理部分，建构中国特色社会主义的经济伦理精神。在中国特色社会主义市场经济条件下，企业文化建设必须以中国特色社会主义精神文明为主导，儒商文化只是构成我国现代企业文化的中国特色的一个传统来源。只有在这一前提下，探讨儒商文化的现代价值，才是正确和有意义的。同时，儒商文化的转型无疑离不开儒家文化的转型，儒家文化是儒商文化的母体之一，但儒商文化又超出了儒家文化的范围，尤其是现代新型儒商文化，它既是对传统儒商文化的扬弃，也是对传统儒家文化的扬弃。而真正的扬弃，正是意味着儒家文化现代转型的完成。

2．对儒商制度文化的重建

在儒商的制度文化中，有德法并重、注重诚信、注重质量等传统，并建立了一些行规、店训，含有制度文化的内容。但总的来说，传统儒商的制度文化是相对缺失的。特别是传统儒商具有代表性的制度文化是家族制，尽管家族制还不能绝对地被消除，例如西方国家的许多银行、财团，都是以家族为基础的，关键在于要进行公司化的制度再造。因此，儒商的制度文化应当重建。重建时既要保留传统儒商管理制度的合理因素，尤其是重视德法兼治的传统，突出儒商管理特色，又要学习和运用现代企业制度，对儒商企业进行改造。

20世纪90年代中期以后，特别是进入21世纪后，我国的企业陆续进行了产权改制，人们逐渐意识到家族制的弊端，而代之以股份制、职业经理人等制度。例如，蒙牛集团的原董事长兼总裁牛根生，作为蒙牛最大的股东，并没有将企业管理权传给自己的儿子。他认为，如果儿子不是人才，硬要搞家族继承，那无疑会既害了企业，又害了儿子。儿子如果是人才，可以自行创业。所以，他在不到50岁的中壮年时就做出决定，不把财产给妻儿，而是将自己在蒙牛公司8.18%的股份全部捐出，成立专项基金，成为"中国捐股第一人"。他让出总裁职位，面向海内外选择新总裁接任。蒙牛作为上市公司按照国际化公司的规范去运作，并尝试建构具有中国企业特色的"三权分离"模式，企业党委、董事会和经营班子各司其职，形成相互推进、科学制衡的企业法人治理结构，从而达到"三权合力"的效益最大化目标。

在继承发扬优良的儒商管理制度，并使之与现代企业管理有机结合的方面，海尔集团做出了榜样。张瑞敏是海尔集团党委书记、董事局主席、首席执行官。博大精深的中国优秀传统文化是他进行企业管理的思想指导。张瑞敏明确地说："《老子》帮助我确立企业经营发展的大局观，《孟子》培育我威武不能屈、贫贱不能移、勇于进取、刚健有为的浩然正气，《孙子》帮助我形成具体的管理方法和企业竞争谋略。"几十年来，他奇迹般地将一个亏损 147 万元的集体小厂，发展成为 2018 年全球营业额 2600 多亿元的"海尔集团"，成为"中国家电第一品牌"。多年来，海尔实行了"启明焊枪""晓玲扳手"等发明个性化命名制度；"上班满负荷，下班减负荷"的劳逸分开制度；"三工并存"、升降自主的人事制度；"热心、诚心、知心"的及时、有效沟通之"心桥"制度等。在管理实践中，张瑞敏认为，管理中国企业只能用中国式的管理模式，将以儒家思想为主干的中国传统文化精髓与西方现代管理思想融会贯通，制定出一个独具特色的管理公式：日本管理（团队意识和吃苦精神）＋美国管理（个性舒展和创新竞争）＋中国传统文化中的管理精髓＝海尔管理模式，进而创造了富有中国特色、充满竞争力的海尔文化。当年，他第一个抡起铁锤，砸烂质量有问题的冰箱，实行有缺陷的产品就是废品的"零缺陷"质量管理。他创造了"日事日毕、日清日高"的管理模式，对每人、每天、每件事进行控制和清理，实行每个人都面向市场的市场链管理。他要求"质量不打折，服务不打折，信誉不打折"，一流的商业运营带来了企业的不断拓展，将海尔电器销往包括西方发达国家的世

界各地。张瑞敏本人也赢得了世界管理界的高度评价，美国的
哈佛大学、瑞士洛桑国际管理学院、法国的欧洲管理学院、日
本神户大学等将海尔的企业管理、市场链、企业文化等作为案
例，张瑞敏也成为中国第一个走向哈佛商学院讲坛的企业家。
张瑞敏还荣获"中国经营大师"称号。

3．对儒商行为文化的传承

由于儒商"以德经商""以智经商"和"以儒经商"，儒商
的行为文化包含了许多可值继承和发扬的精华。无论是诚实守
信、童叟无欺的经营行为，还是吃苦耐劳、艰苦朴素的生活作风，
或是急公好义、扶贫助学的社会责任，儒商就是以自己的实际
行动，在人们面前展现了儒商人格的无穷魅力。从古代的徽商、
晋商等以地域文化为标识的传统儒商，到近代以爱国主义、实
业救国为特征的近代儒商，再到以振兴中华为己任，以现代道
德科技为武装的现代新型儒商，涌现了一批批德高望重的儒商
人物，流传着一个个千古流芳的儒商故事。陈嘉庚、霍英东、
曾宪梓、张瑞敏、杨国强、任正非等儒商或具有儒商行为的企
业家的名字家喻户晓，"行为世范"，他们的事迹已经成为人
们学习的榜样。

常言说："人无完人。"人的行为是复杂的、多面的，世界
上找不到不犯错误的人。但只要像儒商那样多做对民众、对社
会有利的事，他的这些行为就会得到人们的肯定和赞赏。以牛
根生为例来看儒商的行为文化。1958 年出生的牛根生，未满月

就被作价 50 元钱卖给了养牛的牛家，更姓换名为牛根生。靠奋斗，成为企业家的他讲传统，有义气，熟读《道德经》，对人情分外看重，对财富收放自如。他奉行的座右铭是"小胜靠智，大胜靠德"，财富观是"财聚人散，财散人聚"。他在伊利集团担任副总时，因为功劳卓著，公司奖励给他一辆轿车，但他第二天就把车卖了，换成四辆面包车奖励给下属。108 万元的年薪也被属下"瓜分"。担任蒙牛集团的董事长兼总裁后，他的车、办公室、工资、住房、股份均不如其副手，"自嘲"为"五不如"董事长。2000 年，他把内蒙古呼和浩特市林格尔县政府奖励自己的一台价值 104 万元的凌志车，换了副董事长的奖品捷达车。2005 年，他把自己的股份捐作专项基金，取名为"老牛专项基金"，面向中国乳业、三农、消费者、特困员工和父老乡亲（即"五个面向"）。他 1999 年合股创办蒙牛乳业时，"一无工厂，二无奶源，三无市场"，在困境下开拓进取，发展成现在的中国民族乳业最著名的品牌之一。他以艰苦创业的行为诠释了敢闯敢干的"蒙牛精神"。牛根生说："企业越大，社会责任越大。"他不仅成为"中国捐股第一人"，而且不断向灾区、贫困地区以及向教育事业等捐助善款、牛奶和其他物资，这些慈善之举，体现了"蒙牛"文化中蕴含的"吃的是草，挤的是奶"的奉献精神。尽管人无完人，尤其是作为一家处于风口浪尖的竞争性乳业企业掌门人，各种是非褒贬在所难免，2008 年暴露出的整个奶业的毒奶粉事件，蒙牛集团也难辞其咎。但牛根生那些具有儒商性质的行为，是大家所认可的；艰苦奋斗创民族品牌和勇于奉献的"蒙牛"文化是有价值的；不独富独贵，用利益调动大多

数人的积极性以及设立基金回报社会的无私行为，也是值得称
赞的。事实证明，儒商也会犯错误，但只要认识到错误并认真
地改正了，那就是值得称赞的儒商的所作所为。

4．对儒商符号文化的挖掘

符号文化是用文字、影像、颜色、音乐等形象化的要素为
表现形式的文化。符号文化广泛地应用于企业的形象设计，如
企业标识、品牌商标、厂徽厂旗厂歌、标语口号以及产品广告、
文字总结、宣传片甚至厂容厂貌、员工的精神状态等。古今儒
商十分重视符号文化的作用，尤其是以自身的儒雅朴实树立企
业的形象。中国的"老字号"在起店名时，用得最多的是儒家
的道德词语，店名符号在人的心灵上烙下深深的印记。在现代，
许多企业家尤其是儒商企业家，十分巧妙地利用以儒家为核心
的中国优秀传统文化来包装企业，扩大影响。例如，曹操有名
句"何以解忧，唯有杜康"，于是河南有了"杜康酒"，王维有
了被世人传唱的《相思》，江苏有了"红豆"衬衫；曲阜有孔府，
于是出现了"孔府家酒"……无论是美的电器的"原来生活可
以更美的"，还是碧桂园房地产的"给你一个五星级的家"，如
此等等，都起到了传达企业理念、树立企业形象的极佳效果。

企业符号文化的建设应当注意对儒商符号文化的挖掘。因
为，以儒家为主干的中华优秀传统文化博大精深，可以说是一
个无穷无尽的宝库。而普遍存在的问题是，许多企业不注重也
不善于在企业形象设计时运用"中国元素"，不但缺乏历史文

化的厚重，干瘪无味，千人一面，甚至与文化传统格格不入，背道而驰。如何挖掘和运用中华优秀的传统文化，是当前企业符号文化建设的重要方面。在这一方面，北京奥运会树立了堪称经典的榜样。无论是"福娃""中国印""祥云火炬""金镶玉奖牌"，还是荡气回肠、美轮美奂的开幕式，都有鲜明的以儒家为主干的中国传统文化特色，给世界展示了中国的历史和文化、中华民族爱好和平的传统和"北京欢迎您"的热情，宣传了和平奥运、绿色奥运的理念。这些鲜明的"中国元素"，为奥运创造了无限商机，赢得了相当可观的经济效益。

北京奥运会奖牌"金镶玉"，中心有"中国印"，缎带上有祥云图案

　　时代对儒商文化提出的要求，就是儒商文化从传统到现代转换的标尺和方向。传统与现代并不矛盾，传统中包含现代性因素，而现代文化必须是对传统的扬弃和超越。对儒商理念文化的扬弃、制度文化的重建、行为文化的传承和符号文化的挖掘，正是对儒商文化时代性转型的回应和实践。这一任务还远未完成，应当成为现代企业家奋斗的目标之一。

三、努力做现代新型儒商

人是文化的主体，是文化的创造者和承当者。儒商文化作为在现今仍具魅力的企业文化，必须落实到儒商文化的主体即企业家的身上。儒商文化成为企业家个体人生修养的发展方向，才能真正地实现儒商文化的历史性变革，并发挥现实的作用。

时代的发展和中华民族实现伟大复兴的历史潮流，已经逐步地将中华文化推向了时代潮流的前列，以儒家为主干的中国传统优秀文化的价值越来越受到人们的重视，儒商文化也必将随之成为企业文化的主流。努力做现代新型儒商，是时代的呼唤，是企业文化的方向，也是中国经济腾飞的希望。

1．唤醒"儒商意识"

我国的"儒商热"已走过了多年的发展历程，现代新型儒商文化作为具有两千多年历史的传统儒商文化的延续，应当是一种成熟的文化形态。然而，它作为一种新型的企业文化，仍处于变革、转型之中。现代新型儒商文化的稚嫩表现在许多方面，其中重要的一点，在于现代企业家还未能树立真正牢固的"儒商意识"。"儒商"尽管是一顶光耀的桂冠，媒体报道的儒商也有数百人之多，但相对于中国企业家的千军万马，其比例还为数甚少。这些被报道的儒商企业家有相当一部分恐怕只是媒体的妙笔生花，企业家本人往往并没有明确地以儒商自诩。有的虽然承认自己是以儒商为目标，但对外保持低调，并不大肆张扬。北京天海川媒体技术有限公司董事长高燃曾接受媒体访问，记者问他经商的定位是什么，他回答道："我喜欢儒商。觉得这个词挺好。当然我只是自己把自己定义为儒商，我从来不会对外说我是儒商，因为够不上。即使是一个文化人，我也只是一个学习者。即使是一个商人，也只是在创业的路上，我是一个创业者。"更严重的是，社会上那些名目繁多的儒商评选，尤其是那些"钱多者上"的所谓评选，动机不纯者大有人在，让人真假莫辨。这就使得企业家的"儒商意识"同时面临着"激活"和"纯化"的双重任务。显然，没有正确的"儒商意识"，就不可能造就出一代新型儒商。

唤醒企业家的"儒商意识"，是时代的需要和历史的潮流使然。历史事实证明，儒商一直是我国古代商人道德的典范。在当今时代，儒商意识也应当成为企业家的自觉意识。当然，要求每一个企业家都成为儒商，是不必要同时也是不可能的。时代呼唤的是现代新型儒商文化应当成为中国特色企业文化的主流，儒商意识应当成为企业家的主体自觉意识。从经济与政治意识形态的关系来看，在中国特色社会主义市场经济条件下，社会主义企业家和"儒商"是不矛盾的，前者侧重于企业家的政治属性，后者侧重于企业家的文化属性，在中国特色社会主义社会里二者可以达到有机的统一。在中国特色社会主义社会中，无论是国营企业家还是民营企业家，都可以现代新型儒商为人格目标。儒商可以是社会主义企业家，而且有助于成为社会主义企业家。在这一意义上说，"现代新型儒商"也就是社会主义的企业家，或者说是中国特色社会主义企业家的最起码的标准。从经济的民族性来看，"现代新型儒商"在21世纪中具有特殊重要的地位，是具有中华民族特色的企业家人格追求的模式。中华民族的伟大复兴必然带来中华文化的复兴，儒商文化成为举世瞩目的企业文化主流已是指日可待。一方面，儒商文化的生命在于它的以人为本、追崇和谐的价值，例如，只要是实行商品经济、市场经济，古今儒商奉行的经济与自然、社会和人自身协同发展的价值观以及"顾客满意"的经营原则等，是永远不会过时的。另一方面，儒商文化的魅力在于它的民族特色。儒商体现出来的理念、精神、气质、情操、智慧、思维方式以及表达方式，在现代全球性的激烈的市场竞争中，显示出独特的文化软实力，并可转化为经济发展的优势。因此，我们必须呼唤企业家"儒商意识"的觉醒，从对儒商的低调认同发展成自觉向往，并蔚然成风，这样才能使儒商文化上升为企业文化的主流，成为引领现代经济文化的潮流之一。

2．提升"儒商素质"

企业家光有"儒商意识"，仅仅只是一种良好的愿望，重要的还在于具备"儒商素质"。儒商之所以能够得到较普遍的认同和赞誉，在于他们具有与众不同的特质。儒商是具有高尚道德和社会责任感的商人、企业家，他们传承"仁爱""民本""民生"的传统，"经世济民"的商业理想和"以义取利"的盈利原则，具有强烈的爱国主义和民族实业精神以及急公好义、扶贫济困、乐善好施的人道关怀。儒商是具有高超经营谋略和管理智慧的商人、企业家，他们自强不息，敬业爱岗，诚实守信，保证质量，注重人才，协同合作，严格管理，集忧患、改革、创新、竞争精神于一身，形成系统完整的具有中国特色的经营管理的理念、制度和方法。儒商还有高雅的生活情趣，他们不仅谦逊朴实，勤俭节约，关注文化，爱好体育，而且注重修养，摒弃恶习，具有人格力量。总之，"以德经商""以智经商"和"以儒经商"，就是儒商素质之大观。

正如我们将传统儒商与现代儒商加以区分，我们所说的儒商素质当然指的是传承传统儒商素质的精华，发展出现代新型儒商的素质。传统儒商文化带有地域性、宗法性、行会性，旧儒商的素质中存在着家族经营、以官为本、消极忍让等缺陷，都是应当进行变革和转换的。以传统儒商的家族制为例，宗族式的企业结构就不是现代企业制度的最佳组织架构，它容易形成"家天下"和搞裙带关系；容易形成森严的等级而不利于年轻人才的成长和发挥作用；容易形成家族内技术保密从而影响科技的传播、应用和发展。凡此种种，都是与社会主义市场经济的发展不相适应和不足取的。另外，现代新型儒商文化是继承性和包容性的统一，儒商作为当代世界东西半球的两种异质文化撞击、融汇的现实载体，必须吸纳世界先进文明的成果，使儒商素质的民族性与时代性、国际性相统一。因此，现代新型儒商素质表现为比一般的商人多一点商贾理念，多一点民族气质，多一点文化涵养，多一点社会责任，既具有现代生产力和现代经济活动的有关知识、智慧、眼光和文化素养，又具备与中国特色社会主义市场经济相适应的伦理道德品格和风范。

具备这样的素质的现代新型儒商，才能成为国内外中华民族企业家的主体，儒商文化也将成为中华民族企业文化的代表和世界企业文化的主流。

以粤商的素质改造为例：粤商文化以岭南文化为根基，改革开放后广东经济走在全国的前列，粤商中有许多优秀企业家，属于现代新型儒商的代表。但粤商的素质仍有需要改造、变革和更新的文化的劣根性，如存在凝聚力不够，过分强调变通而忽视规则，过于"只做不说"，务实过头，缺乏前瞻性以及家族制等缺陷。因此，广东企业家开展了"新粤商"专题研讨，对粤商素质进行反思。"新粤商"与"现代新型儒商"的概念不尽相同，但大方向是相似的，即期望提高粤商的道德文化素质。进行这样的脱胎换骨的改造，粤商才能与广东经济的领头地位相匹配，在与其他"商帮"的竞争合作中彰显自己的作用和价值。而经过变革转型的"新粤商"，也就是我们提倡的"现代新型儒商"。

3．强化"儒商实践"

儒家文化的精髓是知行合一，"儒商意识"和"儒商素质"必将落脚到"儒商实践"，才能变成现实。传统儒商文化只有在中国特色社会主义市场经济实践中才能变革转型为现代新型儒商文化，现代新型儒商也只有在中国特色社会主义市场经济实践中才能茁壮成长。

（1）**学习儒商文化**　五四运动以后的一段时间，中国传统文化遭到过严重的冲击，以至于当今人们对传统文化颇感疏远和陌生。更为严峻的是，部分人受西方文化的影响，或是矫枉过正的形而上学思维，把以儒家文化为主干的中国传统文化视为封建余毒，试图一棍子打死，抛进历史的垃圾堆。也有的人比较温和，夸大了包括儒家文化、儒商文化在内的中国传统文化的某些劣根性，否认其具有的现实价值，认为儒家文化、儒商文化不仅"站不起来"，也"走不出去"。这些认识都是不正确的。仅以北京奥运会为例，你看那奥运会的"中国元素"是多么受欢迎。像开幕式上展现的孔子的三千弟子方阵吟诵着"四海之内，皆兄弟也"，"有朋自远方来，不亦乐乎"名句，由表演群体反复凸显不同历史时期演变成不同书体的汉字"和"，鸟巢放鸽体现的"天人合一"的境界以及对人类和平的期盼，主题歌《我和你》体现的"仁"和"世界大同"的最简略和朴素的表达，都是以儒家文化为核心的中国传统文化的精髓。开幕式表演中展示的中

2008 年北京奥运会开幕式表演凸现的"和"字

国古代的四大发明惠及人类，陆上和海上的"丝绸之路"、郑和
七下西洋印证了中国人的对外交往不是给他国造成炮火硝烟的
远征，而是送去文化和贸易的友谊。北京奥运会的开幕式是历
史上最为成功的，它创下了各国电视转播的收视率纪录，赢得
一片赞叹叫好。对北京奥运会在各个方面取得的成功，时任国
际奥委会主席的罗格在 2008 年 8 月 24 日闭幕式上致辞，称赞
这是一届"真正的无与伦比的奥运会"。这给我们以启示，充分
说明了以儒家为主干的中国传统文化中的精华是有魅力、有价值
的。"站不起来"也"走不出去"的，反而是那些对以儒家文化
为主干的中国优秀传统文化的诋毁，是亦步亦趋地跟在西方文
化后面鹦鹉学舌，是"西方的月亮比中国的亮"的民族虚无主义。

　　儒商文化的基础是儒家文化，是中国传统文化。在改革开
放以前，人们几乎不知"儒商"为何人、"儒商文化"为何物。"儒
商"名词的后起，是有历史原因的。因此，我们要践行儒商文化，
首先必须了解、学习儒商文化。在学习了解的过程中，逐渐地
理解、同情和亲近儒商文化。除了企业家对儒商文化的学习了
解以外，学者也有挖掘、整理、解说和宣传儒商文化的责任。
学者要与企业家一道，将鲜活的儒商实践提升为新的理论，实
现理论创新。我们不仅应当学习本国儒商的事迹，还要学习国
外的儒商文化，如日本的儒商、东南亚华人儒商，都有丰富的
儒商思想，"儒商"的概念就是从介绍他们的事迹开始引进国
内来的。我们还应形成全社会的学习儒商文化的氛围，传统文
化的熏陶从孩童的蒙学开始，长大以后在经营管理的实践中加
深理解，更深入地学习钻研，为新的实践提供理论的指导。

　　（2）**运用儒商文化**　学习的目的在于应用，实践儒商文化的关键在于企业家在经营管理的实践中，应当有意识地运用儒商文化解决实际问题。具体地说，在面临利益的时候，首先应当辨明这是合义之利还是非义之利。合义之利则取，这就是"以义取利"；如果是非义之利，那就应当断然舍弃，"不义且富且贵，于我如浮云"。在遇到社会问题时，能够服从中国共产党的领导，自觉遵守国家法纪，协助政府解决包括发展经济、增加就业、环境保护等社会问题，大力发展生产力，建设社会主义和谐社会。在处理人际关系的时候，应当以"和为贵""和气生财"，但不丧失原则。在进行经济交易时，应当讲信用，讲质量。在遇到竞争的时候，应当采取"其争也君子"，"和而不同"的方式；对于明知是不讲道德和经济规范的对手，则应既坚持道德原则，又讲究计谋策略，绝不让其得手。在利益分配时，首先应保证照章纳税，企业内部应当公平合理，共同进步。要有"达者兼济天下"，"取之于民，用之于民"的观念，扶贫济弱，资助社会公益事业以回报社会。绝不能像一些人袖手旁观，或在灾害袭来时承诺认捐，过后却不及时履行承诺或者干脆不履行，甚至趁火打劫。如此而行，企业家就一定能够从中体认真理、体验成功，逐步地增强运用儒商文化于经济实践的自觉性，促使人格的升华和精神境界的提高。儒商在身体力行实践儒商文化的同时，还要经得住时间的检验，持之以恒，这才是儒家、儒商的笃行之道。

　　（3）**创新儒商文化**　学习和运用儒商文化，必然促进儒商文化的发展。而发展儒商文化的最重要途径，在于实践和理论的创新。首先，文化背景不一样了，古代儒商处于封建专制时代，近代儒商处于列强侵略和压榨的救亡时代，现代新型儒商处于中华民族崛起的时代，他们肩负着不同的历史任务，需要创新时代主题，以崭新的姿态挺立于经济大潮，成为弄潮儿和中流砥柱。其次，文化传统不一样了，两千多年的传统儒商文化基本适应传统社会，而以现代市场经济的眼光来品评传统的儒商文化，则是包含精华与糟粕共存的两重性。现代新型儒商只有创新才能扬弃传统儒商文化，实现儒商和儒商文化的变革与转型。再次，文化环境不一样了，经济的全球化带来了不同文化的碰撞，中国一方面受到西方文化的冲击，一方面传入了异质文化的新鲜气息。现代新型儒商应当吸纳西方文明精华的营养，创新自己的经济伦理和文化体系。最后，文化任务不一样了，无论是国际还是国内，市场经济和全球化带来了许多社会矛盾，是旧的文化解决不了的难题，社会整体的文化都面临着创新的任务，现代新型儒商无疑也应当创新儒商文化，使现代新型的儒商文化在解决复杂多样的新情况、新问题方面，显示其独特的作用，并寻求其应有的价值。总之，创新是实践的应有之义，实践是创新的必行之方，现代新型儒商就应在不断的实践和不断的创新中才能茁壮成长。

儒商文化绵延两千多年，洋洋大观，理蕴丰厚，通俗实用。正如《道德经》所言："上士闻道，勤而行之；中士闻道，若存若亡；下士闻道，大笑之，不笑不足以为道。"许多企业家以儒商为荣，自觉地践履和创新儒商文化。而一些企业家还在观望存疑，甚至抵触和嘲笑。这是不足为奇的。子贡对孔子的崇敬据说也有一个过程，相传其"事孔子一年，自谓过孔子；二年，自谓与孔子同；三年，自知不及孔子"。历久弥新的儒商文化也只有靠历史和实践来检验其正误，彰显其价值。我们寄希望于现代新型儒商在中华民族实现伟大复兴的历史大潮中，勇当排头兵，成为 21 世纪的时代骄子，创新出现代新型的儒商文化。

参考书目

1. 张海鹏，王廷元，唐力行，等. 明清徽商资料选编[M]. 合肥：黄山书社，1985.

2. 赵靖. 中国近代民族实业家的经营管理思想[M]. 昆明：云南人民出版社，1988.

3. 刘云柏. 中国儒家管理思想[M]. 上海：上海人民出版社，1990.

4. 朱国宏. 中国生财理财的智慧[M]. 杭州：浙江人民出版社，1991.

5. 南德研究院. 造就一代儒商——南德经济集团关于社会主义市场经济的探索[M]. 北京：南德研究院，1993.

6. 顾晓鸣. 中国传统商人丛书[M]. 深圳：海天出版社，1993.

7. 张海鹏，张海瀛. 中国十大商帮[M]. 合肥：黄山书社，1993.

8. 胡大楚. 儒商[M]. 北京：中国商业出版社，1993.

9. 陈景焕，杜金彪. 辉煌人生：从死囚到亿万富翁的儒商牟其中[M]. 北京：中国工人出版社，1993.

10. 陈荣耀. 强国梦：儒家文化与现代商品文明[M]. 昆明：云南人民出版社，1994.

11. 王兆祥，刘文智. 中国古代的商人[M]. 北京：商务印书馆国际有限公司，1995.

12. 张海鹏，王廷元，唐力行，等. 徽州商帮：翰墨儒商信义为先[M]. 香港：中华书局（香港）有限公司，1995 年.

13. 牛汝辰，赵春华. 无形的资本：商标、商号应用诀窍[M]. 北京：中国城市出版社，1995.

14. 国际儒商学会秘书组. 儒商大趋势——首届儒商文学国际研讨会论文集[C]. 广州：暨南大学出版社，1995.

15. 潘亚暾. 儒商文丛[M]. 广州：暨南大学出版社，1995、1996.

16. 苏东水. 中国管理通鉴[M]. 杭州：浙江人民出版社，1996.

17. 贺雄飞. 儒商时代——中国人的第五次发财机遇[M]. 呼和浩特：远方出版社，1996.

18. 范勇. 中国商脉[M]. 成都：西南财经大学出版社，1996.

19. 彭正穗. 孔子与商战伦理[M]. 武汉：湖北人民出版社，1996.

20. 郭孟良. 从商经[M]. 武汉：湖北人民出版社，1996.

21. 卜卫进. 经济魂：企业文化与企业精神[M]. 北京：人民出版社，1996.

22. 霍雨佳 . 商鉴 [M]. 北京：中国经济出版社，1997.

23. 向元钧 . 资商通鉴 [M]. 北京：中国经济出版社，1997.

24. 黎红雷 . 儒家管理哲学 [M]. 广州：广东高等教育出版社，1997.

25. 丁凤 . 曾宪梓成功之道 [M]. 北京：北京燕山出版社，1997.

26. 王鸿 . 中国人经商智慧 [M]. 北京：世界图书出版公司，1997.

27. 鲍健强，蒋晓东 . 儒商之道 [M]. 杭州：浙江人民出版社，1997.

28. 唐凯麟 . 契合与升华：传统儒商精神和现代中国市场理性的建构 [M]. 长沙：湖南人民出版社，1998.

29. 江光雄 . 智慧快餐丛书之二：学做儒商 [M]. 延吉：延边大学出版社，1998.

30. 喜子 . 告别儒商时代：走出二次创业误区 [M]. 北京：中华工商联合出版社，1998.

31. 王宪平 . 新儒商日记：与开放时代谈心 [M]. 大连：大连理工大学出版社，1998.

32. 贺雄飞 . 企业家护照——走近儒商时代 [M]. 广州：广东旅游出版社，1999.

33. 邹进文，赵玉勤 . 儒商法典 [M]. 武汉：湖北人民出版社，1999.

34. 国际儒学联合会组织 . 儒商读本 [M]. 昆明：云南人民出版社，1999.

35. 戢斗勇 . 儒家经济伦理精华 [M]. 北京：中国文联出版社，2000.

36. 邓亚涛 . 儒商无敌 [M]. 太原：山西经济出版社，2000.

37. 骆承烈 . 商祖陶朱公 [M]. 济南：山东友谊出版社，2000.

38. 云冠平，陈乔之 . 东南亚华人企业经营管理研究 [M]. 北京：经济管理出版社，2000.

39. 企业家精神研究组 . 日本人企业家精神 [M]. 北京：中国经济出版社，2001.

40. 企业家精神研究组 . 华人企业家精神 [M]. 北京：中国经济出版社，2001.

41. 李文庠，林疆燕 . 儒增商智 [M]. 郑州：河南人民出版社，2001.

42. 戢斗勇 . 儒商精神 [M]. 北京：经济日报出版社，2001.

43. 王晓昕，李友学 . 传统文化与现代儒商 [M]. 贵阳：贵州人民出版社，2002.

44. 张德胜 . 儒商与现代社会：义利关系的社会学之辨[M]. 南京：南京大学出版社，2002.

45. 朱钟颐 . 中国近现代儒商研究 [M]. 北京：中国文联出版社，2003.

46. 商略 . 子贡出马：一位周旋于权力巅峰的布衣商人 [M]. 北京：中国电影出版社，2003.

47. 郭鑫，毛升 . 海尔精髓：企业文化与海尔业绩 [M]. 北京：民主与建设出版社，

2003.

48.曹源.老字号的文化底蕴[M].北京：时代经济出版社，2003.

49.唐任伍.儒家文化与现代经济管理[M].北京：经济管理出版社，2003.

50.陈启智，张树骅.儒商与二十一世纪[M].济南：齐鲁书社，2004.

51.谢燕，刘欣宇.儒商门第常家庄园[M].太原：山西古籍出版社，2004.

52.程光，梅生.儒商常家[M].太原：山西经济出版社，2004.

53.潘亚暾.儒商和儒商文学[M].香港：香港国际儒商出版社，2004.

54.[美]余英时.儒家伦理与商人精神[M].南宁：广西师范大学出版社，2004.

55.吴克明.徽商精神——徽商研究论文选（二）[C].合肥：中国科技大学出版社，
2005.

56.冷夏.霍英东全传[M].北京：中国戏剧出版社，2005.

57.张启元.儒商精神与企业管理[M].西宁：青海人民出版社，2006.

58.张凤云，李青岭.儒商："知本"赢局[M].北京：机械工业出版社，2006.

59.崔方成.再造"儒商"[M].北京：华艺出版社，2006.

60.[美]桑士聪.孔训：一个中国儒商的美国创业史[M].北京：新华出版社，
2006.

61.吴云贵，严君国.范子研究[M].北京：中国广播电视出版社，2006.

62.戢斗勇.儒家全球伦理[M].兰州：甘肃人民出版社，2006.

63.陈书录.儒商及文化与文学[M].北京：中华书局，2007.

64.[日]涩泽荣一.右手论语左手算盘：日本历史上最伟大的儒商[M].北京：中国
言实出版社，2007.

65.张与弛.儒家的管理之道[M].北京：中国商业出版社，2007.

66.朱宗震.黄炎培与近代中国的儒商[M].南宁：广西师范大学出版社，2007.

67.陈祖芬.中国第一商帮——关于浙商的文化解读[M].北京：作家出版社，
2007.

68.林斯丰.陈嘉庚精神读本[M].厦门：厦门大学出版社，2007.

69.陈舰平.大学生总裁：复旦儒商夏乾良的财富传[M].北京：中国友谊出版公司，
2007.

70.毛成刚，乔南.晋商文化与家族商业研究[M].北京：经济管理出版社，2008.

71.山西财经晋商研究院.晋商与中国商业文明[M].北京：经济管理出版社，
2008.

72.竺济法.非常儒商——储吉旺传[M].上海：上海社会科学院出版社，2008.

73. 曹军. 儒商修养：儒家组织行为实践的当代原则 [M]. 上海：东方出版社，2008.

74. 骆承烈. 儒风企韵——儒家思想与企业管理 [M]. 北京：中国言实出版社，2008.

75. 龙子民. 儒商三宝 [M]. 北京：地震出版社，2009.

76. 王来兴. 中华儒商智慧全集 [M]. 北京：新世界出版社，2009.

77. 宋长琨. 儒商文化概论 [M]. 北京：高等教育出版社，2010.

78. 周新国. 儒学与儒商新论 [M]. 北京：社会科学文献出版社，2010.

以义取利的生意经

儒家文化大众读本

后记

　　本书是"儒家文化大众读本"丛书中的一册。书中的大量观点和资料，取自本人多年来研究儒商、儒家文化而撰著的多部著作和数十篇论文，有的故事和插图参考或采用了一些报刊、书籍和互联网的相关内容。由于本书属于通俗读物，按照编委会的要求，对引用文献未直接注明出处，只在书后列出若干参考书目。该参考书目，也可以帮助读者较为全面地了解儒商专题的著作出版情况。而报刊已发表的儒商专题的文章，由于数量成千上万，内容纷繁芜杂，故未在书后一一列出。

　　在丛书的组织工作中，梁国典先生等对本书的选题高度重视，王均林教授、彭彦华编审等付出了辛勤的劳动。在对本书书稿进行审定时，北京师范大学周桂钿教授等给予了充分的肯定和极大的鼓励。担任本书的责任编辑的山东教育出版社舒心女士一丝不苟，倾注了大量的心血。在此，谨向对本书的写作及出版提供帮助的单位和个人表示衷心地感谢！

戢斗勇

图书在版编目(CIP)数据

以义取利的生意经：儒商文化 ／ 戢斗勇著 ． — 济南：山东教育出版社，2020．5
　（儒家文化大众读本 ／ 梁国典主编）
　ISBN 978-7-5701-0736-0

　Ⅰ. ①以… 　Ⅱ. ①戢… 　Ⅲ. ①儒家－哲学思想－应用－商业经营 　Ⅳ. ① F715 ② B222

中国版本图书馆 CIP 数据核字（2019）第 171355 号

RUJIA WENHUA DAZHONG DUBEN
YI YI QULI DE SHENGYIJING——RUSHANG WENHUA

儒家文化大众读本
以义取利的生意经——儒商文化　　　戢斗勇／著

主管单位：山东出版传媒股份有限公司
出版发行：山东教育出版社
　　　　　地址：济南市纬一路 321 号　　邮编：250001
　　　　　电话：（0531）82092660　　网址：www.sjs.com.cn
印　　刷：山东临沂新华印刷物流集团有限责任公司
版　　次：2020 年 5 月第 1 版
印　　次：2020 年 5 月第 1 次印刷
开　　本：720 mm×1020 mm　　1/16
印　　张：13.25
字　　数：138 千
定　　价：68.00 元